カリスマ体育教師
原田隆史の特別講義

夢を絶対に実現させる方法！

DVD
BOOKS

カリスマ体育教師
原田隆史の
夢を絶対に
実現させる
方法！

原田隆史

Takashi Harada

1960年、大阪生まれ。奈良教育大学卒業後、2003年春まで、20年間、体育教師として大阪市内の公立中学校に勤務。陸上競技部の指導と生活指導に手腕を発揮し、松虫中学校では、7年間に13回の日本一を輩出。00年の全国大会では、砲丸投げで日本中学陸上史上初、予告宣言しての男女ダブル優勝を達成。現在は、天理大学で教職指導を行い、未来を担う教師の育成に当たる。学校教育にとどまらず家庭や企業教育など人材教育の分野で幅広く活躍。成功に最短距離で近付くための方法論“リーチング”を提唱している。著書に「カリスマ体育教師の常勝教育」（日経BP社）、「成功の教科書——熱血！ 原田塾のすべて」（小学館）、「本気の教育でなければ子どもは変わらない」（旺文社） など

序文

成功には技術があります。

目標を達成できない理由は、その人の才能や人格にあるのではなく、「目標の立て方」「目標を達成するための方法」が間違っているからです。

オリンピックの金メダリストを分析すると分かります。

確実に金メダルを取る選手は、大会の十数年も前から、金メダルを取ることを決めている。そして、自分で決めた成功への道筋に、自分で小さな階段を何千段も設け、一段一段、迷うことなく確実に上る。

この成功法則は、経営者もサラリーマンも、中学生でも同じです。

私が中学教師時代に考案した「長期目標設定用紙」は、金メダリストや成功者の方法論が基盤になっています。この用紙に書いたことを「やり切る」ことで、生徒達は次々と日本一になり、成功をつかみました。

今回、この成功の技術を、「リーチング」としてまとめました。

皆さん、一人ひとりのナンバーワン、オンリーワンをつかんでください。

DVD目次

Reach 1　成功はつくるもの

Reach 2　夢を実現できるのは〝自立型人間〟

Reach 3　何はなくとも「目標設定」
―一流アスリートは皆、実践している―

Reach 4　自分を変えろ
―「主体変容」が夢への原点―

Reach 5　「長期目標設定用紙」の書き方
①達成目標～目標から得られる利益
②成功・失敗の分析～解決策
③ルーティーン目標～期日目標
④決意表明～セルフトーク

収録時間　本編57分

※このDVDは、2005年5月に開催した「日経ベンチャー経営スクール」での原田隆史氏の講義内容を再編集し、収録したものです。

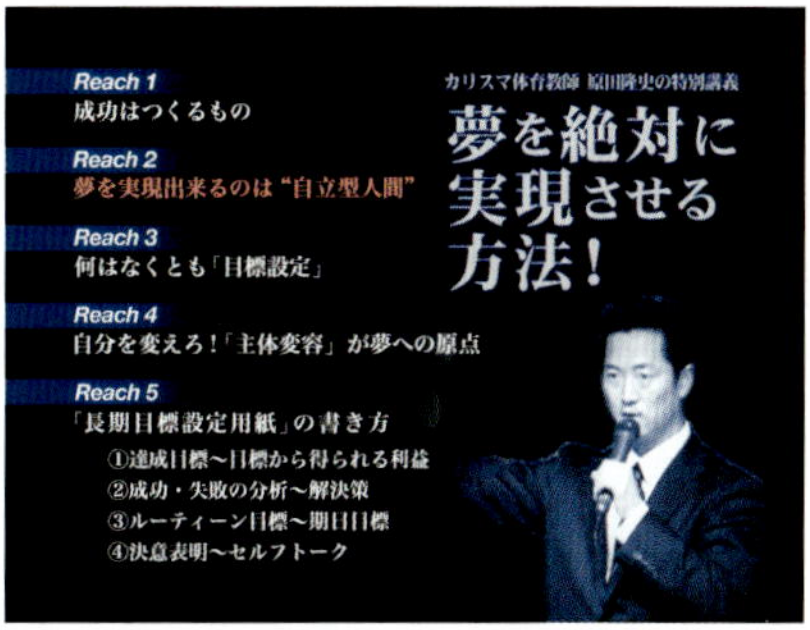

<視聴方法>

●DVDプレーヤーにディスクを正しくセットしてください。(詳しい取り扱いについてはご使用のプレーヤーの取扱説明書をご参照ください)

●項目タイトルを選択し実行すると、そのタイトルから最後までの映像を連続して再生します

「成功は自分でつくるもの。この目標設定用紙で自分を変えよう」

教師歴20年で、３万人の人間の「生き方データ」を取りました。それで分かったのは、人間、１００人中95人は、同じ失敗を何度も繰り返す。けれど、１００人に5人、なぜかいつもいつもスイッ、スイッとうまくいく人がいる。そんな成功者達の方法論を集大成したのが、この長期目標設定用紙なんです。

指導を受けた中学生や教師、会社員などの書いた「長期目標設定用紙」。原田氏の指導論は、これらのデータに基づく

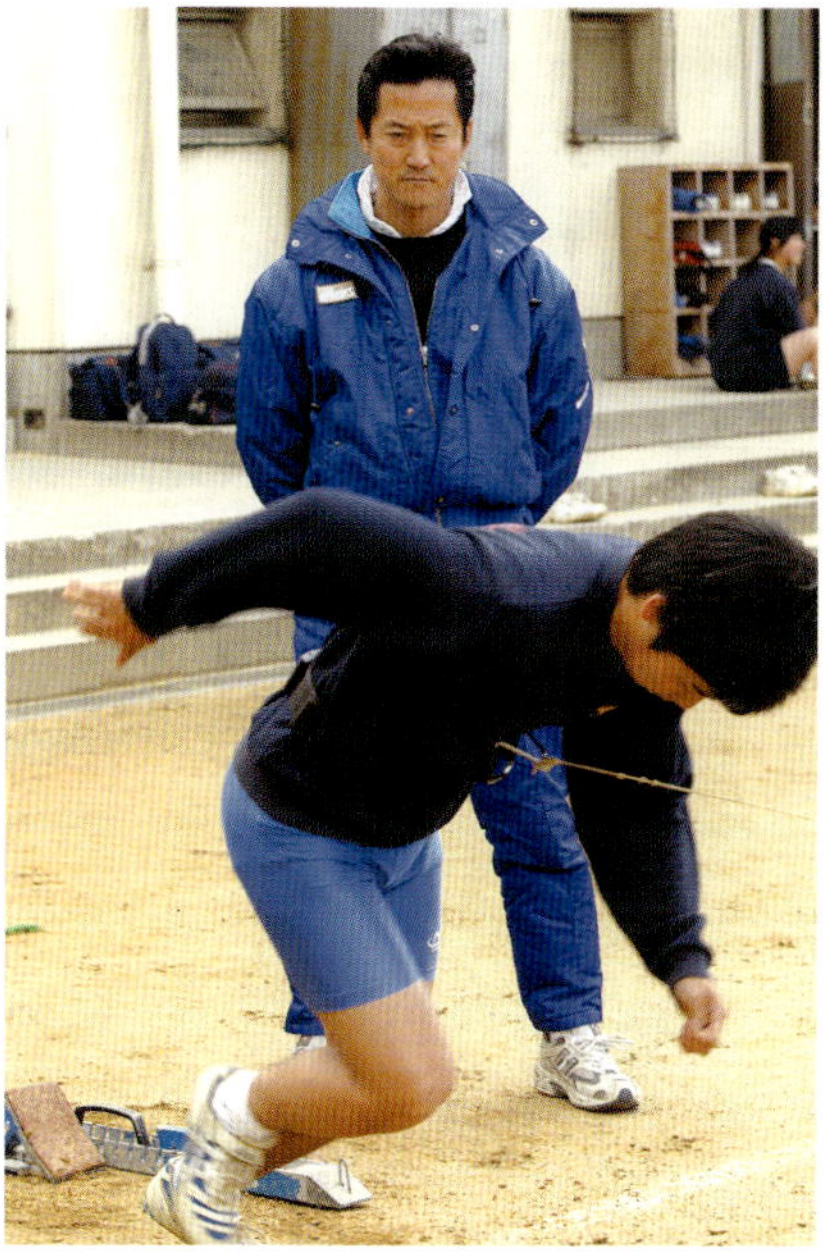

松虫中学陸上部の練習時間は、毎日わずか90分。精度の高い、密度の濃い練習で、日本一を輩出した

「頑張るだけでは、結果は出せない」

がむしゃらに働き、「今日も頑張ったーっ、ビールがうまいっ！」と、満足感を噛みしめる。そこに落とし穴がある。頑張ることが目標になって、結果が出せない。かつては自分もそうでした。周囲は「まじめな先生」と評価してくれても、日本一には決してなれなかったのです。地獄の苦しみでした。

「敵は誰ですか？——自分です」

失敗する人は、自分の中にある間違った習慣に従って、同じ失敗を何度でも繰り返す。失敗者が成功者になるには、自分の中にある失敗の習慣に気付き、一つずつ成功の習慣に変えていくしかない。重要なのは「主体変容」。自分を変えることです。

セミナーで熱弁を振るう

「ネバーネバーネバーネバー ネバーネバー・ギブアップ！」

物凄く難しいことを成し遂げたからといって、心は強くならない。人の心は、各人が今の自分の力でできることを継続することで、強くなるのです。実践すると決めて、やり切る、やらせ切ることが、心を強くする。同じことを最低6回、必ず繰り返すのです。

「仕事と思うな、人生と思え！」

目の前のすべてに１００％の力で挑む。「陸上と思うな、人生と思え」「授業と思うな、人生と思え」「掃除と思うな、人生と思え」……ずっと、そう言い続けてきました。真面目、素直、一生懸命の土台をつくってから始める。「心のコップ」が下を向いている人に、どんなに技術、ノウハウを注いでも、心に入りません。

異業種の経営者や会社員、教師、医師などが集まるセミナー。皆、真剣

「思いは枯れる。夢は腐る」

目標を立てた瞬間は誰もが意欲に満ち溢れている。だが、そのやる気を維持できる人は稀です。大半の人は、いつしか初心を忘れ、成功をつかめずに終わる。だから、紙に書いて目に焼き付ける。口グセにして潜在意識に叩き込む。「成功の要諦とは、成功するまで諦めないこと」——故松下幸之助氏の名言です。

セミナーでは付箋の束が配られる。受講生は、印象に残った言葉を次々に書き出し、整理していく。これも原田流の方法論

解説編

カリスマ体育教師 原田隆史の夢を絶対に実現させる方法!

資料

※本書は「日経ベンチャー」の2004年4月～2005年8月号に連載した記事をまとめたものです。

装丁　レンデデザイン（工藤都子）
本文レイアウト　Bird 9CE5（井之内秀朗、長岡恭子）
写真　陶山勉・宮田昌彦・山田哲也

開講！

〝生活の質〟を上げよう

〝心づくり〟で、普通の子が一番になる

25ページの用紙、これは〝心づくり〟の道具です。

自分の目標をはっきりさせて、その目標に向けて全力で取り組む。その繰り返しが心を鍛え、自立した人間を作る。この本では、私の〝心づくり〟の方法論を、本気で夢を実現させようとする方々にお伝えしようと思います。

公立中学の陸上部で、日本一の選手を7年間で13回、輩出しました。一番になる子は、何が違うのか。体力、技術以上に、何より心を大切にしています。

幅跳びの踏み切りに空中動作、どんなに技術を磨いても、それだけでは日本一は難しい。技術そのものが悪いのと違う。幅跳びを跳ぶ、その子の心が育ってない。

それは、僕自身が10年前にぶち当たった壁です。教師生活13年。正直、天狗になっていました。そこそこ実績を出して、陸上のノウハウは持っている。生徒を引き付けるカリス

マ性もあるんだぞ、と。でも、大阪の松虫中学校に赴任して、見事にひっくり返りました。今でこそ松中は陸上の名門ですが、当時は厳しい状況がありました。生半可なノウハウ論は通用しない。教師としての人間力が問われました。

子供達には、誇りが必要でした。「勝つんや！」という気概がない。活路を求めて、古今東西の成功者を研究しました。オリンピックの金メダリストにエジソン、キュリー夫人……。経営者の方々にも、たくさんヒントをもらいました。

一つ、分かりました。

「成功者は、先に成功を鮮やかにイメージする。努力は、その後」

僕の〝心づくり〟指導の出発点です。そのノウハウの集大成が、25ページの「長期目標設定用紙」なんです。

心を指導しようにも、心は目に見えない。目に見えないものは、指導できない。だから、心を文字で表現させる。書いて書いて書きまくって、成功した自分の姿を、しっかり心に刻み込む。だから、真面目になる。素直になる。一生懸命になる。

真面目でない子、素直でない子は、〝心のコップ〟が下を向いています。どんなに技術を注いでも、受け付けません。ところが、〝心のコップ〟が上向きになって一生懸命になった途端、嘘みたいに技術をグングン吸収して、どんどん伸びていく。

大人でも同じではないでしょうか。同じマニュアルで接客しても、お客さんに好かれる人と、好かれない人がいる。それは、マニュアルが悪いというより、その人の心の問題です。マニュアルばかりコロコロ変えて、人の心に手をつけないのは、少し変だと思います。

できる人は「生活」が違う

大人にも〝心づくり〟が必要と思う理由は、ほかにもあります。

今は、大人にも、生活指導が必要な時代です。

私が企業で研修を行うと、例えば、こんなことが起こります。

ある幹部社員の方が、自分の生活を見直して、「そうか、俺には睡眠時間が足りないのか。深酒はやめないとな」と気付いた。そこで、「酒は控えて、少しは早く家に帰ろう。嫁さんと一緒に皿洗いをしよう。子供と話そう。勉強も見てやろう」と決めた。

実行に移してみると、朝、会社に行く時、それまでは起きてもくれなかった奥さんが、「お父さん、行ってらっしゃい。頑張ってね」と声を掛けてくれるようになった。子供も、「行ってらっしゃい」と見送ってくれるようになった。さらには、奥さんが弁当を作って

長期目標設定用紙

氏名	[redacted]	今日の日付	'03 10/26	目標達成期日	'04 6月上旬

目標達成のための奉仕活動	メンタルトレーニングの普及・チームのゴミ処理／フローリング・風呂洗い・洗濯物
達成目標	(最高の目標) '04 6月上旬　都市対抗にて、[redacted]製作所・[redacted]・[redacted]に勝利し、第1次京都府予選通過
	(中間の目標) '03 5月上旬～6月上旬　都市対抗にて、企業チームから勝利
	(絶対達成できる目標) '03 5月下旬　都市対抗にて、クラブチーム予選通過
	(今回の目標) '03 5月下旬～6月上旬　都市対抗にて、企業チームから勝利
経過目標	'04 1月から、月1回ペースでメンタルトレーニングの勉強会を実施し、毎回の練習で育てに育てる。 メンタルトレーニング研究会に他の選手も招く。一日講習会へはできる限り全員参加してもらう。
	'03 11/15　京都府クラブ野球選手権で優勝し、 '04 3月下旬 京都府春季・4月下旬 高砂大会・5月京都大会の出場チーム選考に入る。
目標より得られる利益	『[redacted]』としての成功プロセス。次のステージで野球ができる。チャレンジを続けられる。今までの人生で一番の達成感、本気で生活した経験が得られる。

(過去の分析)(成功例)　プラス思考、陽気・熱狂的 (心) 目標の明確化＝メリット化、セルフトーク多い時、スマイル、自信	(失敗例)　被害者意識、結果に左右された時、 準備不足＝目標不明確、時間に追われた時、私情を持ち込んだ時
(技) 目標明確、技術プロセスを作成・更新→自動化	目標不明確、自動化できてないものを試合でやろうとして失敗
(体、健康) 1日をやりきりリラクゼーションして集中して寝た時	寝不足、体を冷やし、トイレへ行き、体重が増えない
(その他) PLAN・CHECK・DO・SEE・SHARE 、5分前行動	予定していなかったＴＶも見てしまった
(予想される問題点) (心) ① 結果を考え、周囲の目を気にして、自分の力を出していない ② 他人の嫌な言動・行動・態度に影響を受ける ③ 私情を持ち込む ④ トレーニングにおいて、体の限界の前に心がへたる	(解決策) ① 自分のコントロールできないところは考えず、ルーティンでやるべきことに集中 ② 主体変容・自己責任・GIVEのみ精神・理念を貫く ③ 切り捨てルーティン（玄関・グラウンドに入る前・人に会う前） ④ ホームランの打球を松坂世代をイメージしながらトレーニング
(技) ① コンディションが整わず、技術どころではなくなる ② プラトー・自己完結	① 時間管理 ② イメージトレーニング
(体、健康) ① 風邪　② 胃下垂　③ 冷えによる下痢（体重増えない） ④ 寝不足　⑤ 腰痛　⑥ 体掻き	① 温冷水・手洗い・鼻うがいの継続 ② 背筋を伸ばし、よく噛む・分割して食べる・食後に右向いて寝転ぶ ③ 冬場は家でも着込む、寒さに対して金を惜しまない　④ 時間管理 ⑤ こまめに前屈　⑥ 最低週1回のつめ切り
(その他) ① 部員の維持・確保（スカウト） ② 予定していないTVまで見てしまう	① 目標共有、ある種“はめる”、この用紙をもとに発展的な会話、コミュニケーションスキル、カウンセリング、要求・期待し責任感・使命感を鼓舞する、有能感・統制感・所有感を高める、態度教育、2本線指導 ② 見たいＴＶは録画する

具体的な行動　――Ⅰ(毎日継続・繰り返す行動)	具体的な行動　――Ⅱ(期日を決めてやる行動)	期日
(1) 6時に目覚まし時計1回で起き、歯磨き・仏壇挨拶・散歩を行います	(11) 理念とこの用紙を配り、チーム共有目標への足掛かりとする	11/8
(2) 教師塾人生指針を起床後すぐ・心がへたった時にセルフトークします	(12) 原田先生に第2期大阪教師塾分の更新ファイルを送信する	11/28
(3) 帰宅後、まず手洗い・うがいをし、自分の部屋で日誌を開けます	(13) 監督にメンタルTrプラン・勉強会の第1次案件を提出する	11/29
(4) 親の指示に即動き、家事を手伝います(フローリング・風呂・洗濯物)	(14) 消化促進・Tr・プロテインなどで体重71kg以上へ	11/30
(5) 温冷水業・鼻うがい・前屈・ビタミン摂取を行います	(15) CP・Aを高くし、1人3役になります	11/30
(6) 9時からトレーニングを行います(リラク・サイキ・集中Trも)	(16) 態度教育の成果を上げ、自己主張段階を迎えさせます	12/24
(7) 態度教育(理念参照)を自ら実践します	(17) 肩を休め、フォームの矯正(ステップ・腰・胸張り・肘90度)	2/29
(8) 人と会う前に、トーンスケール3、5以上にしておきます	(18) 50m＝最低6秒3以下へのトレーニングをします	3/31
(9) 日誌を書き、新聞・本・ネット・勉強を時間管理します	(19) 中距離打者から長距離打者になります	3/31
(10) 部屋の整理整頓ですさみをなくし、毎晩同じきれいな状態で寝ます	(20) ミーティング毎回発言を心掛け、プレゼンテーションを磨く	6月上旬

成功へ導く決意表明	私は、こうして現役復帰し、かつて現役生活において長期間継続・やりきった経験がありません。 次のステージに挑戦するために、やりきって自立・自律型人間になり、それを広めることができるように、ここで成功することを誓います。
成功へのセルフトーク	① 敵は誰ですか？私です　② ○○と思うな人生と思え ③ ネバーネバーネバーネバーネバーネバーネバー・ギブアップ　④ タイミングイズマネー　⑤ 一寸先は・・・光！　⑥ 育てに育てる　⑦ 今やらねばいつできる、俺がやらねば誰がやる　⑧ 出すぎた杭は磨かれる　⑨ 一目置かれる　⑩ 信を養い、信を与える　⑪ 主体変容　⑫ 陰と陽

(向上ルーティン)〈10秒〉 呼吸法1回　プラス思考　スマイル　（セルフトーク）　イメージ	(向上ルーティン)〈25秒〉 帽子を取る　セルフマッサージ　フォーカルポイント呼吸法3回 スマイル　セルフトーク　帽子をかぶる　イメージ
(やってほしいこと) 目標共有・アドバイス・ほめあう・自己主張・態度教育	(やってほしくないこと) 途中であきらめる
(言ってほしいこと)「君にまかせたぞ」「人生あずけた」・プラスの言葉・暗示	(言ってほしくないこと) 特にありません

くれるようになった。すると、不思議と仕事がうまく回り出す。

部下の見る目も変わった。手作り弁当を自慢する上司を見て、部下が、「この人、なかなか温かい人だったんだ」と見直したんです。それで、自分の私生活の悩み、例えば結婚の相談など持ち掛ける。心の壁が取れたんです。

上司にとって、私生活の相談を受けるのは、仕事の相談より、ずっとずっと誇らしいことです。彼には自信が付いて、ますます仕事が充実する。

私の研修を受けた生徒さんが最初に実感するのは、こうした〝生活の質〟の向上です。仕事のことではありません。

何回目かの研修の席上、「先生、長年の持病がやっと治ったんです……」と、泣き出した生徒さんもいました。社員のちょっとした持病について、上司が真剣に考えることは少ないでしょうが、本人には切実な問題です。実際、持病から解放されたその方は、それを機に仕事をバリバリこなして、成績を上げています。

長期目標設定用紙を使った指導は、仕事だけでなく、家庭も含めた人生のすべてを指導する。生活の質を高めて、〝人間力〟を高めることで、仕事の質を高めるのが狙いなのです。

今、仕事上のノウハウばかりの指導が限界にぶつかっていると思います。

できる人とできない人の違いは何か。仕事のスキル、知識かなぁ、とも思うが、そんなことはない。ノウハウは、皆さん持っています。やっています。ノウハウが同じで差が出るのは、仕事以外。家庭も含めた生活の質なんです。

嫁さんとうまく行かない、酒浸りで体の調子が悪い。そんな生活のマイナスの影響が、翌日の仕事に出てしまう。

大人にも生活指導が必要だ

そこは、子供も大人も一緒です。

学校で問題を起こす子供、万引きする子、煙草を吸う子——そんな子供達がいると、僕ら生活指導の教師は、家庭訪問します。すると、何のことはない。お父ちゃん、お母ちゃんが離婚した。お父ちゃんがリストラされて、家でつんけんしている。そこで生まれた気持ちの荒れが、学校生活に出ている。だから、家庭生活にまで踏み込んだ指導が要る。

そんな生活指導のノウハウを、今、ビジネス社会の方々が必要としていると、日々、実感しています。

今の若者を、昔の若者と同じに考えてはいけません。それは、毎年1月にテレビを賑わす、成人式の混乱ぶりを見ても明らかなことです。

今の若者は自立できていない。僕らの時代は、成人したら、家族のこと、生活のことなど、自分で管理できて当然だった。だから、社会に出てから必要なのは、仕事のノウハウだけだった。今は違う。教育がダメになって、自立できていない大人が溢れている。

私の目から見れば、今は、どんな大企業、どんな優良企業の社員であっても、時に経営者であっても、自立できていない人が多い。

だからと言って、今の若者がまるっきりのダメ人間だと言いたいわけではないんです。若者は皆、物凄い可能性を秘めている。ただ、自立が遅れているばかりに、仕事のノウハウを教わっても、きちんと生かせない。それだけのことです。生活を指導して、心のコップを上向きに立ててやれば、見違えるように伸びるんです。

POINT

なぜ、大人に「生活指導」？

1 長期目標設定用紙の目指すもの

＝「生活の質」の向上（生き方＋家庭、健康）

→「人間力」向上 →「仕事の質」も向上！

2 「できる人」と「できない人」は「生活」が違う

仕事のノウハウ → 大差ない but 生活の質 → 差がある！

● 「子供」の「問題行動」の原因 → 家庭環境

Ex. 両親の離婚や失業から来るイライラや不安

● 「大人」の「仕事の不調」の原因 → 私生活でのストレス

Ex. 夫婦の不和や飲み過ぎ

→ 「生活指導」が効果的！

3 時代の変化 —— 自立できていない大人

昔の日本：大人は自立していた ＝ 私生活は自分で管理できる

→ 仕事のノウハウだけで伸びる！

今の日本：大人が自立していない ＝ 私生活を自分で管理できない

→ 仕事のノウハウの前に、「生活指導」が必要！

第1回

「態度」の良い人だけが目標を達成する

松虫中学陸上部には、全国から大勢の大人が練習を見に来ました。皆さん、生徒達の姿を見て感激されました。皆さん、生徒達の「態度」に感動される。

しっかり挨拶してくれた。道案内してくれた。帰りにバックミラーを覗いたら、車が見えなくなるまで頭を下げていた。そんな子供らの態度に、感心される。中には号泣される方もいます。うちの部下にやらせたくてもできないことを、よくぞ中学生が、と。

思うに、人が人に感動するのは、「日本一になった」とか「オリンピックで金メダル取った」とか、そういう理由だけではないんです。感動するのは、相手の態度が素晴らしいからです。イチローが中田が、人の心を打つのも、何より彼らの取り組む姿勢が真剣で、その態度が立派で、それでなおかつ強いからです。

だから私は、長期目標設定用紙の上段に「目標達成のための奉仕活動」という項目を掲げています。生徒には、学校とそれ以外の家庭生活、大人には会社と家庭生活、つまり公と私の場で実践する奉仕活動を決めさせます。具体的には、清掃や皿洗いなど家事のほか、地球環境を守るために裏紙を使うとか、地域のボランティア活動でも結構です。

奉仕活動は、心をきれいにする。「心がきれい」とは、心のコップが立って、素直、真面目で一生懸命な状態。言葉を変えれば、生き方、そして態度が良い。つまり、奉仕活動とは「態度教育」。家庭で言うところの「躾《しつけ》」なんです。

"気付き"を高める清掃活動

態度を良くするのに、なぜ清掃活動や奉仕活動が役立つのか?

第一に、身の回りのすさみを取り除くと、その人の心が澄んできます。これを「ブロークン・ウィンドウ理論」と呼びますが、次回詳しく説明します。

長期目標設定用紙

氏名	[redacted]	今日の日付	'03 10/26	目標達成期日	'04 6月上旬
目標達成のための奉仕活動	メンタルトレーニングの普及・チームのゴミ処理／フローリング・風呂洗い・洗濯物				
達成目標	(最高の目標) '04 6月上旬　都市対抗にて、[redacted] 製作所・[redacted]・[redacted] に勝利し、第1次京都府予選通過				
	(中間の目標) '03 5月上旬～6月上旬　都市対抗にて、企業チームから勝利				
	(絶対達成できる目標) '03 5月下旬　都市対抗にて、クラブチーム予選通過				
	(今回の目標) '03 5月下旬～6月上旬　都市対抗にて、企業チームから勝利				
経過目標	'04 1月から、月1回ペースでメンタルトレーニングの勉強会を実施し、毎回の練習で育てに育てる。メンタルトレーニング研究会に他の選手も招く。一日講習会へはできる限り全員参加してもらう。				
	'03 11/15　京都府クラブ野球選手権で優勝し、'04 3月下旬 京都府春季・4月下旬 高砂大会・5月京都大会の出場チーム…				
目標より得られる利益	『[redacted]』としての成功プロセス。次のス…を続けられる。今までの人生で一番の達成感、本気で生活した経…				
(過去の分析)(成功例)			(失敗例)		

奉仕活動で「助けてもらえる人」になる

もう一つ重要なのは、澄んだ心で奉仕活動に取り組むと、社会の一員としての自覚が強まり、ひいては、周囲の人々に感謝して思いやる〝気付き〟の力が高まるということです。知り合いの社長さんが、松虫中学のマネージャーだった女の子に、非常に感心されたことがあった。お客さんに缶コーヒーを出す順序を、夏は薄いものの後に濃いものを、冬は濃いものからと微妙に変えていたんです。しかも彼女は、そのことを私に一言も言わない。

心がきれいでなくては、目標を達成することはできません。と言うのも、心のコップがふさがった人は、まず何を教わっても無駄です。それに、人生で成功するのは、他の人に「心をもらえる」人だけです。どんな個人の目標も、自分一人では達成できない。どんなチームのプロジェクトも、自分達だけでは成功しない。自分側の人間だけで行けるのは、どんなプロジェクトでも97％まで。最後の３％は、誰かほかの人に協力してもらわないといけない。例えば、松虫中学陸上部の子供達は、全国大会の時、しばしば旅館の人に「今日は大事な試合なので」とお願いして、朝食に特別メニューを出してもらっていました。そこまでしなくては、毎年は勝てない。そんな協力を得られるのは、やはり見ず知らずの人が感動するほど、心がきれいな人なんです。

良い態度と成功は、深く結び付いているのです。

POINT

なぜ、目標達成に「奉仕活動」？

1　奉仕活動の二つの意味

①「心をきれいにする」　←今回のテーマ！

②「心を強くする」

2　なぜ、「奉仕活動」→「心をきれいにする」？

職場や家庭、地域での奉仕活動

次回	→ 身の回りのすさみがなくなる → 自分の心が澄む

＋（その土台の上に）

今回	→ 社会への参加意識の高まり → 良い態度 →「気付き」の高まり → 仕事の質の高まり

3　なぜ、「心がきれい」→「目標達成」？

①良い態度→教わったことが身に付く

②良い態度→共感した協力者が集まる

＊人が人に感動するのは……態度に対して！

＝能力だけではない

第2回

若者の躾は「静」から「動」の順で

奉仕活動の核は、清掃活動です。身の回りのすさみを取り除くと、心の中のすさみも取り除かれて、心が澄んでくる。素直、真面目、一生懸命の基盤が出来る。

それを理論的に証明したのが、前ニューヨーク市長のルドルフ・ジュリアーニ氏です。凶悪犯罪がはびこる街を立て直すため、彼が取り組んだのは、凶悪犯の摘発ではなかった。それまで見過ごされていた落書きや軽犯罪を、徹底的に潰した。その結果、１９９４年の市長就任から8年後の退任までに、殺人の発生件数を実に67％も減らしました。

ジュリアーニ氏の根拠は、ジョージ・ケリング博士が主張する「ブロークン・ウィンドウ理論」でした。「ちょっとした環境の乱れが大きな混乱につながる」「軽犯罪を放置することが凶悪犯罪の増加を招く」という理論です。人は身の回りのささいなことに影響を受けるから、まずは身近の小さなことからきちんとしないといけない、ということです。

この理論は、日本人にとって、決して目新しいものではない。日本には昔から、「お掃除」の大切さを説く指導者が多くいた。清掃が人間力を向上させる、と経験則で知っていたのです。

ですが、かつてのニューヨークが他人事でないほどに、犯罪の増えた今の日本は、米国に学ばなければならない。2002年の『警察白書』は、ブロークン・ウィンドウ理論を紹介し、身の回りのすさみが持つ意味を強調しています。

清掃活動を重視するのには、もう一つ理由があって、今の若者には、「静」の指導から「動」の指導へ、という順序が大事なんです。

「動」の態度教育と言えば、挨拶と返事です。だが今の若者はコミュニケーションが苦手で、恥ずかしがり屋です。頑張っている姿を、他人に見られるのが恥ずかしい。だから、いきなり挨拶や返事を頑張るのは無理がある。その前に、自分一人でできることを頑張る。それが清掃であり、脱いだ靴を揃えるといった「静」の態度教育です。

長期目標設定用紙

氏名	[redacted]	今日の日付	'03 10/26	目標達成期日	'04 6月上旬
目標達成のための奉仕活動	メンタルトレーニングの普及・チームのゴミ処理／フローリング・風呂洗い・洗濯物				
達成目標	（最高の目標）'04 6月上旬　都市対抗にて、[redacted]製作所・[redacted]・[redacted]に勝利し、第1次京都府予選通過				
	（中間の目標）'03 5月上旬～6月上旬　都市対抗にて、企業チームから勝利				
	（絶対達成できる目標）'03 5月下旬　都市対抗にて、クラブチーム予選通過				
	（今回の目標）'03 5月下旬～6月上旬　都市対抗にて、企業チームから勝利				
経過目標	'04 1月から、月1回ペースでメンタルトレーニングの勉強会を実施し、毎回の練習で育てに育てる。メンタルトレーニング研究会に他の選手も招く。一日講習会へはできる限り全員参加してもらう。				
	'03 11/15　京都府クラブ野球選手権で優勝し、'04 3月下旬 京都府春季・4月下旬 高砂大会・5月京都大会の出場チーム選考に入る。				
目標より得られる利益	「[redacted]」としての成功プロセス。次のステージで野球ができる。チャレンジを続けられる。今までの人生で一番の達成感、本気で生活した経験が得られる。				
（過去の分析）（成功例）		（失敗例）			

清掃活動が第一歩！

指導の方法にも手順があります。

まずは、優秀な集団との「比較・観察」。松虫中学の陸上部では最初、私の前任校の陸上部員を呼んで、一緒に練習させました。

次に「現状分析」。前任校の陸上部は当時、陸上の名門でした。「あいつらとお前らと、何が違う?」と尋ねる。すると、「挨拶する」「時間を守る」「靴が揃っている」――「ささいなことやないか。違うか? 能力の差やないやろ」となる。

そこで一足飛びに、「お前らもやれ」と焦ってはいけません。その前に「意味付け」。トヨタ流に「なぜ」を5回繰り返すんです。「挨拶すると、人間関係がうまく行く」「時間を守れば、練習がスムーズに終わる」「靴が揃っていると、気持ちいい」。

それを、さらに「イメージ」させる。「自分らにそれができたら、どうなる?」――「試合で活躍できるんと違うか」「大人が褒めてくれるんと違うか」――「オッケー、その通りや。やってみようか!」。そこまで理解させて、やっと「トライ」の段階です。

今の若者に「挨拶しろ」と言っても、「何で?」と思うばかりです。そこで「社会人のマナーや」と頭ごなしに怒鳴っても通じない。挨拶すると、どんな良いことがあるか。そこから教えてやらないといけない。企業の人材教育も、そのレベルから取り組むべきです。

POINT

「心をきれいにする」ための手順

1 清掃活動の意義

身の回りのすさみをなくす

→心のすさみをなくす

→「心をきれいにする」＝素直、真面目、一生懸命

＊「ブロークン・ウィンドウ理論」

2 「静」の指導→「動」の指導

●「静」の態度教育 ＝ 清掃、靴を揃えるなど →一人でできる

●「動」の態度教育 ＝ 挨拶、返事など →相手がある

今の若者 ＝ コミュニケーションが苦手 ＋ 恥ずかしがり屋

→「静」→「動」の順で！

3 誘導の手順

比較・観察 → 現状分析 → 意味付け → イメージ → トライ

×飛ばさないこと！

第3回

小さな努力の継続が「心を強くする」

清掃や皿洗いなど、奉仕活動は、「心をきれいにする」だけではない。

「心を強くする」ものでもあります。

かつて私は、難しいプロジェクトに挑戦し、成功することが心を強くするのだと思っていました。心の強さは、成し遂げたことの難しさに比例するのだ、と。しかし、違った。

心は、各人が今の自分の力でできることをどれだけ続けたか、その継続時間の長さに比例して強くなるのです。

昔、エベレスト登頂に成功した登山家に、質問しました。

「エベレストの頂上に立った時、どんな気持ちがしましたか？」

「心はすっぽり抜けました。達成した安心感からです」

その返事に、私は「やはり」と思いました。私は、続けて尋ねました。

「エベレスト登頂に成功するという凄い目標を達成したら、心は強くなりましたか？　僕は、ならないと思うんですけど、どうですか？」

登山家は、こう答えました。

「同感です。でも、エベレストに登って、やっぱり僕の心は強くなったんです。登頂するためのプロセスで、心は強くなったんです」

これは、大発見でした。つまり、エベレストに登るために、何年にも及ぶ計画を立てて、それに従って毎日を懸命に過ごす。その日々の努力の継続で、心は強くなるというのです。

では、子供達が自分達の力で毎日続けられる活動は何か。それが、奉仕活動。すなわち、家庭におけるお手伝いでした。お手伝いは「心をきれいにする」効果もあるので、一石二鳥です。

目標は、「お手伝い１０００日」。子供達に、１０００日間続けるお手伝いを決めさせて、「毎晩終わったら、先生の携帯に電話して来いよ」と指示しました。

長期目標設定用紙

<table>
<tr><td>氏名</td><td colspan="2">[redacted]</td><td>今日の日付</td><td>'03 10/26</td><td>目標達成期日</td><td>'04 6月上旬</td></tr>
<tr><td colspan="2">目標達成のための奉仕活動</td><td colspan="5">メンタルトレーニングの普及・チームのゴミ処理／フローリング・風呂洗い・洗濯物</td></tr>
<tr><td rowspan="4">達成目標</td><td colspan="6">（最高の目標）'04 6月上旬　都市対抗にて、[redacted]製作所・[redacted]・[redacted]に勝利し、第1次京都府予選通過</td></tr>
<tr><td colspan="6">（中間の目標）'03 5月上旬～6月上旬　都市対抗にて、企業チームから勝利</td></tr>
<tr><td colspan="6">（絶対達成できる目標）'03 5月下旬　都市対抗にて、クラブチーム予選通過</td></tr>
<tr><td colspan="6">（今回の目標）'03 5月下旬～6月上旬　都市対抗にて、企業チームから勝利</td></tr>
<tr><td rowspan="2">経過目標</td><td colspan="6">'04 1月から、月1回ペースでメンタルトレーニングの勉強会を実施し、毎回の練習で育てに育てる。
メンタルトレーニング研究会に他の選手も招く。一日講習会へはできる限り全員参加してもらう。</td></tr>
<tr><td colspan="6">'03 11/15　京都府クラブ野球選手権で優勝し、
'04 3月下旬 京都府春季・4月下旬 高砂大会・5月京都大会の出場チーム選考に入る。</td></tr>
<tr><td colspan="2">目標より得られる利益</td><td colspan="5">「[redacted]」としての成功プロセス。次のステージで野球が
れる。今までの人生で一番の達成感、本気で生活した経験が得られる。</td></tr>
<tr><td colspan="4">（過去の分析）（成功例）</td><td colspan="3">（失敗例）</td></tr>
</table>

できることを
毎日続けて
「心を強くする」

毎晩8時から10時、携帯電話がジャンジャン鳴ります。「先生、皿洗い終わりました」――「よっしゃ」。「掃除終わりました」――「よっしゃ」。心の弱さを感じる生徒には、怪しいと思うと、「よっしゃ、お母ちゃんに代われ。感想を聞く」と突っ込む。すると、子供が「ゴメンナサイ。嘘でした」と、打ち明ける。

人は本来、心が弱いものです。いったん「やる」と決めても、理由を付けてサボろうとします。だから指導者が、サボらないよう「事前指導」を行う。すなわち、報告を求めて確認する。そんな「継続させる指導」を続けることで、指導者自身の心も強くなります。ところが、今の日本では、教師も上司も経営者も、サボったのを見つけてから叱る「事後指導」に追われています。「こいつはサボりそうだ」と思いながらやらせて、「やっぱりサボった」と叱る。それでは、指導する側もされる側も、心が枯れるばかりです。

「そんな確認ばっかりやってられへん」――そう言う方もいますが、実際にやってみれば分かります。確かに最初は手間ですが、そのうち、毎日、電話させないと危なかった子が、2日に1回、3日に1回、1週間に1回でも安心できるようになって、最後は、とうとう確認が要らなくなる。その瞬間、まさに「自立型人間」を育て切ったと言えるのです。

POINT

「心を強くする」ためには？

1 奉仕活動の意味

①「心をきれいにする」 ←前回、前々回のテーマ

②「心を強くする」 ←今回のテーマ

2 心を強くする方法

心が強くなるのは……

○目標達成に向けた努力を長く続けた結果

＝今の自分の力でできることを

自分に負けないで続けた長さに「心の強さ」は比例

→「奉仕活動」＝「お手伝い」を続けさせる

×難しい目標を達成した結果

＝目標の難しさに「心の強さ」は比例

3 指導のあり方

○事前指導＝「サボる」と思ったら、サボる前に誘導

→指導される側の心も、指導者の心も強くなる

×事後指導＝「サボる」と思っているのに、サボった後に叱責

→指導される側の心も、指導者の心もすさむ

第4回

ゴールを定めない人は結果を出せない

私の教育の原点は「態度教育」と「価値観教育」。すなわち、素直、真面目、一生懸命な心づくりの大切さです。これは前回まででご説明しました。

しかし、それだけでは、仕事で結果は出せません。さらに、「目標設定の技術」が必要不可欠です。

私がその事実を痛感したのは、松虫中学に赴任して2年目のことでした。

私が、挨拶、掃除、靴を揃えるといった態度指導にこだわっただけで、1年目の終わりに、陸上年間ランキングで日本2位の選手が出ました。そこで気を抜いてしまったのです。

それからが地獄でした。二番地獄です。

2年目に入ると、４００ｍ走の選手が、1位とわずか0・16秒差の写真判定で2位。砲丸投げでは、ずっと1位をキープしていた子が、最後の一人、ノーマークの無名選手に逆転されて2位。そんな調子で2位ばかり。2、2、2の連続です。

私は、助言を求めに恩師の元を訪れました。

「まねをしろ」

その言葉に、私はこう答えました。

「分かりました。日本一の選手をまねます」

すると、恩師はこう言いました。

「お前は、まだ分かっていない」

そんな時、前回も紹介したエベレスト登頂に成功した登山家からヒントを得ました。こう気付いたのです。

彼は、エベレストに登るために膨大な準備をしたのですが、考えてみれば、富士山に登るのにも準備は必要です。富士山に登るのに、富士山用の準備をしていたらカツカツでしょうが、エベレストに登る準備をしたらどうか。余裕たっぷりです。

まねるべきは、日本一でなく、世界一でした。そこで私は、オリンピックの金メダリストを研究しました。

オリンピックで勝つ砲丸投げ選手と中学生の砲丸投げ選手と、要求される基本技術は同じです。では、何が違うか。１００回投げて１００回、基本通りにビシッと決められるか、それとも１００回に数回しか決められないか、の差です。すなわち、基本の精度の差。難しい特異な技術の差ではありませんでした。

両者の明らかな差は、どこにあったか。「頂点を目指すための周到な準備」、そして「目標の掲げ方」にありました。

オリンピックで優勝するようなアスリートは、「いつ、どこで開催されるオリンピックで優勝する」と、あらかじめゴールを決めています。

オリンピック大会の7年前、2大会先の開催地が決まったその瞬間、「7年後、その都市で自分は金メダルを手にする」と決めてしまう。アテネの大会が終わった瞬間、北京で優勝するための計画をスタートさせる。

だから私は、そこをまねました。全国大会の後、現地に2日とどまり、指導者である私の「次期日本一になるための目標設定用紙」を書き上げました。大会が終わったばかりというタイミングは、気付きが多い。次に優勝するために準備すべきこ

長期目標設定用紙

氏名	[redacted]	今日の日付	平成16年8月5日	目標達成期日	平成16年12月31日
目標達成のための奉仕活動（道徳目標）	（仕事面）①職場の清掃 ②トイレの清掃	（その他）①家の風呂掃除②ゴミに気づく自分になり 朝と昼休みに校内のゴミを拾う			
達成目標	（最高の目標） スポーツメンタルトレーニング・教育に関する本を5冊以上執筆し、5万冊売る				
	（中間の目標） スポーツメンタルトレーニング・教育に関する本を3冊執筆し、2万冊売る				
	（絶対達成できる目標） [redacted]学会において、スポーツメンタルトレーニングについての論文を3本発表する				
	（今回の目標） 「[redacted]」という本を執筆し、5000冊売りきる				
経過目標	8月31日 目次項目を決める → 9月30日 項目ごと、執筆する → 10月15日 付属資料をそろえる →				
	10月31日 項目ごとに見直しを行う → 10月31日 同志、仲間よりアドバイスをいただく →				
	11月10日 [redacted]先生にアドバイスをいただく → 11月20日 [redacted]先生にアドバイスをいただく → 12月10日[redacted]で発表				
達成時の人間像	①規律正しく ②動的、静的プレゼンテーション力が高く ③プラス思考で ④オープンマインドな心をもち ⑤教師としてはエクセレント教師となり ⑥教師のモデルとなっている ⑦子供達にとっては生き方モデルとなり ⑧尊敬される人となる				
目標より得られる利益	①社会的ステータス ②世間から一目置かれる ③あらゆる分野において次のステージへのステップとなる ④上級学校教員への道 ⑤学校改革、教員改革、教員研修を行うことができる ⑥教育界において影響力を発揮することができる ⑦エクセレント教師の称号 ⑧エクセレントメンタルコーチの称号				
（過去の分析）（成功例）		（失敗例）			

頑張る前に
ゴールを決める

とが、次々に見えてきます。そして3年目、とうとう日本一の選手が生まれたのです。

頑張る人の落とし穴

頑張る人には2種類います。

第一に、がむしゃらに頑張る人。こういう人は、一日の仕事が終わると、「今日は頑張ったーっ。ビールがうまいっ！」と、満足感を噛みしめます。

しかし、ここに落とし穴がある。頑張ること、それ自体が目標になってしまって、結果が出せない。真面目な人ほど陥りやすい落とし穴です。

二番地獄に陥った自分は、まさにそうでした。その頃の自分の日誌を振り返ってみると、「頑張ろう！」「一生懸命やるぞ！」といった、情意面の記述が目立ちました。

確かに、当時の自分は真面目で一生懸命で、周囲の人々は「熱心な先生」と評価してくれました。自分自身、日々の充実感に満足していました。けれど、結果が伴わなかった。

結果を出せる人は、ただ漫然と頑張ったりはしません。努力する前に達成すべきゴールを決めてから、その実現に必要な条件、戦略を考えます。

その典型が、日産自動車のカルロス・ゴーンさんです。期限を切って目標を定め、それを期限通りどころか、前倒しで実行した。それがすなわち、「コミットメント」です。

彼の目的志向の考え方は、お子さんの教育にも表われています。あるテレビ番組で、彼が息子さんにサッカーを教えている場面を見たことがあります。

初心者にサッカーを教える時は、普通、インサイドキックとインステップキックの違いといった、ボールの蹴り方から入るものです。

ところが、ゴーンさんは蹴り方など気にしない。自分の胸の前でボールを受け取る仕草をして、「ここに蹴って来い、ここだ」と、ひたすら蹴るボールの目的地を強調して示すのです。

何気ないシーンですが、私は、大変感銘を受けました。

ボールをどのように蹴るかを教えるより先に、どこに向かってボールを蹴るべきかを教えなくては、子供は戸惑うばかりだろう——ゴーンさんは、そう考えているのだと思います。常日頃からそういう姿勢で生きている人なのだと、思い知らされました。

私が作った目標設定用紙の一番上、「目標達成期日」という項目は、小さいけれど深い意味を持ちます。「いつ」「何を」達成するのか、目標をクリアに描くこと。それが、努力を結果につなげるカギなのです。

POINT

「頑張る」だけではダメな理由

1　成功する人の条件

①真面目、素直、一生懸命な心　←前回まで

②目標設定の技術と準備　←今回から

2　エベレスト理論

「富士山に登る」＝「日本一を目指す」ために……

△富士山に登る準備

＝日本一をまねる→準備に余裕がない

◎エベレストに登る準備

＝世界一をまねる→準備に余裕がある

3　「頑張る」人の2類型

×目標を設定せず頑張る人→頑張ることが目標になり、努力しても、結果が出ない

○目標を設定して頑張る人→努力した分、結果が出る

第5回

人間は〝心の幅〟を超えられない

一口に「目標」と言っても、「目標」という言葉からイメージするものは、人それぞれ、バラバラです。

私が、初めて中学生に目標設定させた時のことです。「目標を一つ決めなさい」と言うと、ある子は「2年後、陸上で日本一になる」と答えました。また別の子は、「総理大臣になる」と言う。どちらも立派なものです。

ところが、中には「お小遣い貯めて、来週は『少年ジャンプ』を買うんや」と答える子もいた。これも確かに、その子にとっては目標ですが、前の二人との落差に、思わず考え込みました。

皆、時間軸がバラバラです。来週の目標なのか3年後か、それとも30年後なのか……。そしてもう一つ、目標の難しさもバラバラです。

ならば、時間を横軸に、難易度を縦軸に取って、自分の目標の位置を座標軸上に描かせたらどうか、と考えた。そうすれば、一人ひとりの目標の位置が、ピタリと決まる。そう思い至りました。

横軸の時間を決めるのが、前回触れた「目標達成期日」です。

次に目標の難易度ですが、これを測定するのが難しい。そこで、「達成目標」の欄に、四つの目標を書かせることにしました。これは、私の長期目標設定用紙の大きな特徴の一つです。

まずは、データも根拠も抜きで、とにかく「こうなったらええなぁ」という夢のような目標（用紙では「最高の目標」）を立てる。次に、今までの経験から、「これは必ずできる」「これができなくては話にならない」という最低限の目標（用紙では「絶対達成できる目標」）を決める。その後、この二つの間に「中間の目標」を定める。

それから、これら三段階の目標を目安に、「今回の目標」としてどのレベルを狙うかを考えるのです。

ここで注意すべきは、客観的で測定可能な目標を立てることです。「絶対頑張る」「一生懸命やる」といった情意面の目標はダメです。加えて、比較できるように目標の単位を揃えること。最低限の目標が「売り上げ80万円」なのに、最高の目標が「新規顧客を30軒開拓」ではいけません。

最高、最低、中間という三段階の目標があると、「今回の目標」が、目標を立てた人にとってどの程度難しいのかが、事前によく分かります。だから、目標に向けて努力を始めた後で本人が実現を諦め、目標のレベルを下げてしまう、といった事態に陥らない。

例えば、「今回の目標」が「最高の目標」に近ければ、本人は「これは相当頑張らんとあかん」と気を引き締めます。あるいは、指導者が「今の力だと、ちょっと無理や」と、事前にレベルを下げさせるかもしれません。そんな時、普通なら本人は傷付きますが、目標の難しさを理解していれば、納得できます。だから、妥当な目標を立てられて、下方修正が防げる。

「妥当な目標」の目安は、私の経験から言えば、概ね今の実績の2割増しの範囲内です。例えば、今月の実績が１００万円の営業マンならば、来月は１２０万円くらいが限界でしょう。

長期目標設定用紙

氏名	[redacted]	今日の日付	平成16年8月5日	目標達成期日	平成16年12月31日
目標達成のための奉仕活動（道徳目標）	（仕事面）①職場の清掃 ②トイレの清掃	（その他）①家の風呂掃除②ゴミに気づく自分になり朝と昼休みに校内のゴミを拾う			
達成目標	（最高の目標） スポーツメンタルトレーニング・教育に関する本を5冊以上執筆し、5万冊売る				
	（中間の目標） スポーツメンタルトレーニング・教育に関する本を3冊執筆し、2万冊売る				
	（絶対達成できる目標） [redacted]学会において、スポーツメンタルトレーニングについての論文を3本発表する				
	（今回の目標） 「[redacted]」という本を執筆し、5000冊売りきる				
経過目標	8月31日 目次項目を決める → 9月30日 項目ごと、執筆する → 10月15日 付属資料をそろえる →				
	10月31日 項目ごとに見直しを行う → 10月31日 同志、仲間よりアドバイスをいただく →				
	11月10日 [redacted]先生にアドバイスをいただく → 11月20日 [redacted]先生にアドバイスをいただく → 12月10日[redacted]で発表				
達成時の人間像	①規律正しく ②動的、静的プレゼンテーション力が高く ③プラス思考で ④オープンマインドな心をもち ⑤教師としてはエクセレント教師となり ⑥教師のモデルとなっている ⑦子供達にとっては生き方モデルとなり ⑧尊敬される人となる				
目標より得られる利益	①社会的ステータス ②世間から一目置かれる ③あらゆる分野において次のステージへのステップとなる ④上級学校教員への道 ⑤学校改革、教員改革、教員研修を行うことができる ⑥教育界において影響力を発揮することができ ⑧エクセレントメンタルコーチの称号				
（過去の分析）（成功例）					

目標の難しさを緻密に測定する

この「目標を下方修正しない」ということは、目標設定で一番大事なことです。「日本一」を目指していた子が、「三番でもいいや」となってしまうようでは、そもそも目標設定する意味がありません。

目標を底上げしよう

ここで一つ、〝心の幅〟ということを説明させてください。

夢のような目標から最低限の目標までの幅を、各人の「ゾーン」と呼びます。正確には、「コンフォートゾーン」、翻訳すれば「安心できる範囲」。この〝心の幅〟を知った上で目標を立てると、目標のイメージを描きやすく、失敗が少なくなるのです。

人間は、無意識の内に自分の最高の状態から最低の状態までをイメージしているものです。そして、現実に自分が出している成果が、その最高と最低のイメージの間に納まっていると、気持ちが落ち着きます。

成果が予想より悪くても、逆に予想より良過ぎても、ストレスを感じてしまいます。だから、そういう結果は無意識の内に出さなくなります。

つまり人間は、自分の心の幅を超えられないのです。

だから、夢のような目標を立てて心の幅を広げるのは、とても大事です。自分が金メダルを取るシーンを想像したことのない選手に、金メダルは取れません。たとえそれだけの実力があっても、です。

柔道の谷亮子選手がアテネでも金メダルが取れたのは、実力が凄いからだけではありません。日本の女子柔道界には、彼女と同レベルの実力者がほかにもいました。しかし、国内にどんなに強い選手がいようが、彼女だけは、視線がひたすら世界の金メダルに向いていた。意識の高さが違うんです。

スポーツでもビジネスでも、指導者は、選手や部下が高い目標を持つように導かなくてはなりません。「先生、僕は日本で5番の選手になる」と言ってきた子には、「そんなことない。お前なら日本一や！」と、たきつけてやる。

その意味で私が尊敬するのは、ゼネラル・エレクトリック（ＧＥ）の会長兼ＣＥＯを務めた、ジャック・ウェルチ氏です。部下に高い目標設定をさせて、革新的な業務改善を引き出す。そんな彼の「ストレッチ」という手法には、大いに共感を覚えます。

部下がいる方は、振り返ってみてください。あなたは、部下に「ストレッチ」させることができていますか。

POINT

夢・目標の限界が人間の限界

1 目標を座標軸上に定める

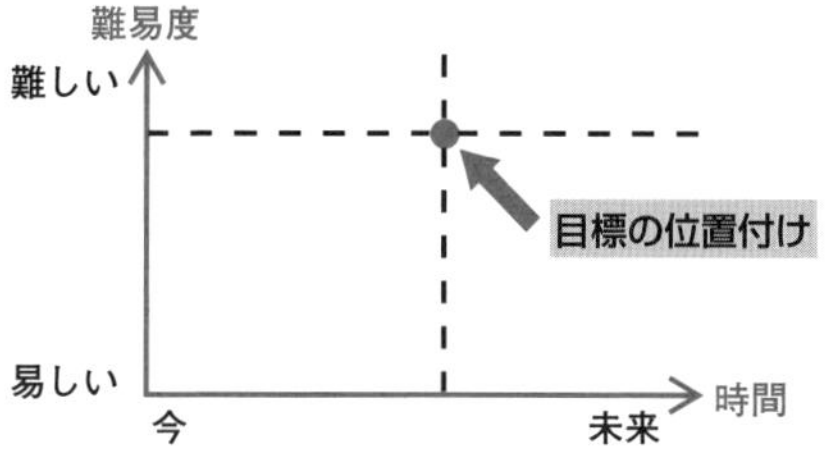

2 妥当な目標を導く手順

①「夢のような最高の目標」→②「絶対達成できる目標」
→③「中間の目標」(①と②の真ん中)→④「今回の目標」

3 人間は、自分の「ゾーン(心の幅)」を超えられない

「ゾーン」＝「最高の目標」〜「絶対達成できる目標」の幅

自分の成果が、「ゾーン」の範囲内→安心

自分の成果が、「ゾーン」の範囲外→不安とストレス

＝ 成果は「ゾーン」内に落ち着く

第6回

「成功者」は、コツコツ階段を上る

目標の位置とイメージを、目標達成までの時間と難易度で、ピタリと定める。これが目標設定の第一歩です。

では、いかに目標地点に到達するか。

かつて私は、ここで大きな勘違いをしていました。「成功者」と呼ばれる人は皆、目標地点まで一足飛びに行くのだと思っていたのです。彼らには、そんな超人的な能力があるのだ、と。

しかし、我々凡人には能力がないからと、生徒達に「経過目標」を作らせました。目標達成までの期間に三つほど区切りを入れて、途中の目標を立てさせた。低い階段をいくつか作れば、一足飛びより上りやすいだろう、と。

ところが、それが大間違いでした。

オリンピックの金メダリストや名経営者など、いわゆる成功者の足跡を振り返ってみた時、確かに最初は、彼らは成功に向かって一直線に突き進んだかのように見えました。

しかし、顕微鏡で拡大するように、彼らの生活態度を仔細に検証すると、実のところ彼らは、物凄い数の階段を上っていたのです。しかし、その階段があまりに細かいものだから、遠くにいる我々には、あたかも一直線であるかのように見えてしまうのです。

と言うのも、スポーツ選手であれ、経営者であれ、成功する人は、まず間違いなく日誌を付けています。

日誌は、日記とは違います。日記とは、その日、自分が思ったこと、感じたことを、「あぁ、今日はしんどかった」「おもろかった」と徒然なるままに書き留めるもの。日誌とは、その日、自分が「できたこと」と「できなかったこと」を仕分けし、明日の目標を立てて記録したものを言います。

一流のスポーツ選手は、日誌で毎日、その日の練習を振り返り、「できたこと」「できなかったこと」を仕分けする。そして、「今日は××ができなかった。明日はできるようにするぞ」と、翌日の課題を決めてから眠りに就く。

この翌日の目標こそが、目標達成に向かう階段そのものだったのです。オリンピックの金メダリストは、一日一段、４年間で３６５段×４、うるう年も入れると、実に１４６１段もの階段を上って栄冠を勝ち取るのです。

経過目標を作ること自体は、間違いではなかった。しかし、それを凡人の能力不足を補うために、と考えたのは間違いでした。「天才」や「成功者」は、決して一足飛びをしない。むしろ、目標までの道程に細かな階段を刻むことこそが、成功の秘訣だったのです。

「物心両面」の満足が必要

もう一つ、人間の成功を考える上で重要なのは、「人間はイメージを超えられない」ということです。つまり、心の中にある自分への期待感、すなわちセルフイメージを向上させなければ、現実の結果も出せない。

だから、私の指導では、前回解説した「達成目標」と合わせて、「(目標)達成時の人間像」と「目標(達成)より得られる利益」を書きます。「高い目標を達成した自分」を強くイメージすることで、セルフイメージとモチベーションを上げるのです。

「達成時の人間像」では、自分がどんな立派な人間になるかをイメージしましょう。有形の結果を目指す「達成目標」に対して、これを「無形の目標」または「人格目標」と呼びます。

真の成功をつかむには、人格目標が必要です。目標の97%までは自力で達成できますが、最後の３％は、他人の力を必要とします。では、他人の助けが得られる人とはどんな人か。それは人間的な向上を目指している人、すなわち人格目標のある人なのです。

人格目標があれば、結果が出せずとも、指導者はこう言ってやればいい。

「お前、日本一にはなれへんかったけど、立派な中学生に近付いたやないか。サボリのお前が、真面目によくやった。次の目標目指して頑張れ」

これは、決してなぐさめではありません。真実、人間は「人格の向上」と「目標の追求」を繰り返して成長するんです。人格が向上すれば、必ず結果もついてきます。

一方、人格目標を持たずに有形の結果だけを追う人は、いつか苦しくなる。「売り上げナンバーワン」で表彰されれば、鼻は高いでしょうが、そ

長期目標設定用紙

目標達成への階段を刻む

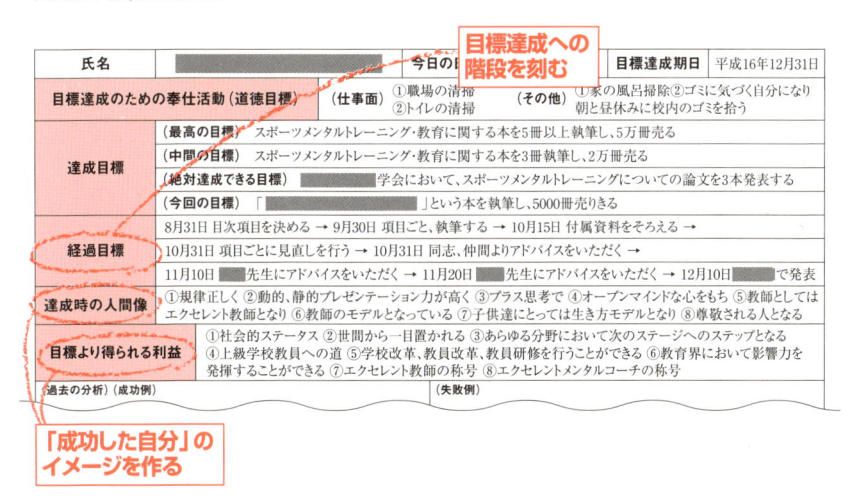

氏名	[redacted]	今日の日	目標達成期日　平成16年12月31日
目標達成のための奉仕活動（道徳目標）	（仕事面）①職場の清掃 ②トイレの清掃	（その他）①家の風呂掃除②ゴミに気づく自分になり朝と昼休みに校内のゴミを拾う	
達成目標	（最高の目標）	スポーツメンタルトレーニング・教育に関する本を5冊以上執筆し、5万冊売る	
	（中間の目標）	スポーツメンタルトレーニング・教育に関する本を3冊執筆し、2万冊売る	
	（絶対達成できる目標）	[redacted]学会において、スポーツメンタルトレーニングについての論文を3本発表する	
	（今回の目標）	「[redacted]」という本を執筆し、5000冊売りきる	
経過目標	8月31日 目次項目を決める → 9月30日 項目ごと、執筆する → 10月15日 付属資料をそろえる →		
	10月31日 項目ごとに見直しを行う → 10月31日 同志、仲間よりアドバイスをいただく →		
	11月10日 [redacted]先生にアドバイスをいただく → 11月20日 [redacted]先生にアドバイスをいただく → 12月10日[redacted]で発表		
達成時の人間像	①規律正しく ②動的、静的プレゼンテーション力が高く ③プラス思考で ④オープンマインドな心をもち ⑤教師としてはエクセレント教師となり ⑥教師のモデルとなっている ⑦子供達にとっては生き方モデルとなり ⑧尊敬される人となる		
目標より得られる利益	①社会的ステータス ②世間から一目置かれる ③あらゆる分野において次のステージへのステップとなる ④上級学校教員への道 ⑤学校改革、教員改革、教員研修を行うことができる ⑥教育界において影響力を発揮することができる ⑦エクセレント教師の称号 ⑧エクセレントメンタルコーチの称号		
（過去の分析）（成功例）		（失敗例）	

「成功した自分」のイメージを作る

れだけを追い続けるのはむなしい。やがて有形の目標がノルマと化し、追い立てられるのが嫌になり、目標を追うことをやめてしまう。うつにもなりかねない。

そのような弊害を未然に防ぐためにも、有形の結果と無形の人格、両面での目標設定が必要です。結果を追うと同時に人格も高めていけば、「ナンバーワン」に向かって自分を追い込んだとしても、へたることはないのです。

「ナンバーワンにならなくてもいい」――数年前、こんな歌が流行りました。オンリーワンでいいんだ、と。この言葉は、結果だけを追うのに疲れていた、多くの日本人の心を打ち、その後、「ナンバーワンを目指すのは良くない」という風潮が広がりました。

しかし、スポーツでも仕事でも、やるからにはナンバーワンを目指す気概を持たなければいけません。でないと、人間が弱くなる。

その意味では、「目標より得られる利益」は「物心両面」で設定することがポイントです。気持ちの満足だけじゃなく、現実的な利益もイメージする。

ベンツを買うのも悪くない。立派な家を建てるのもいい。いい仕事をしてたくさん稼ぐのは、悪いことではない。正しいんです。我々には「物心両面」が必要なのです。

POINT

成功者の努力はステップが細かい

1 目標達成までの道のり

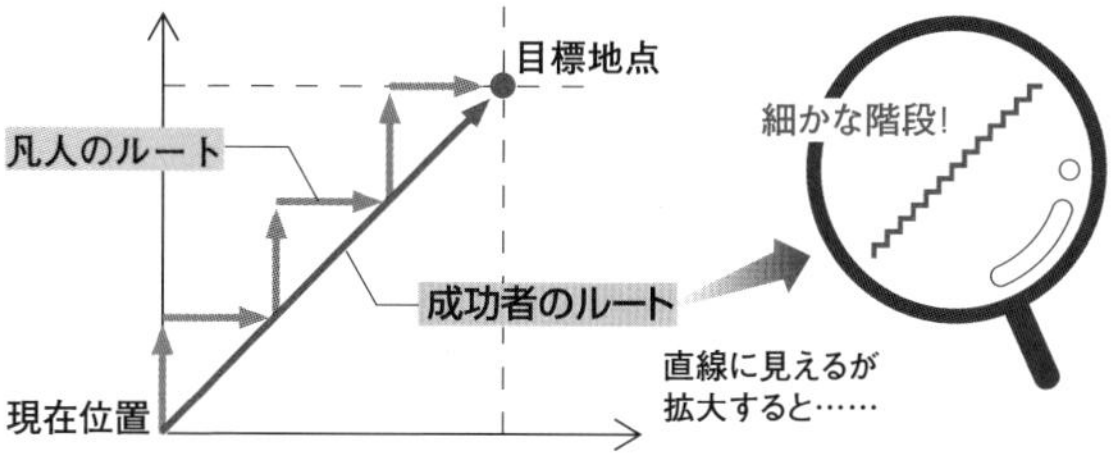

2 日記と日誌の違い

日記 ＝ 今日、「思ったこと、感じたこと」を書く

日誌 ＝ 今日、「できたこと&できなかったこと」を書く

↑

成功の秘訣！

3 セルフイメージ向上の手法

①目標達成時の「人間像」＝「人格目標」をイメージ

②目標達成時の「利益」（物心両面で設定）をイメージ

第7回

「自己分析」が成功者を作る

「目標」を立てたら、次に何をすべきか?

目標を達成するための「方法」を考えさせる。普通は、そうでしょう。

私自身、教師生活の前半10年間、生徒達に、そう指導してきました。

ところが、ある時、ふと気付いたのです。

「同じ失敗ばかり繰り返す子供の、なんと多いことだろう」

中学教師歴20年間で、ざっと3万人の生徒や保護者、陸上関係者などを見てきました。

そこで痛感したのは、失敗する人というのは、同じ間違いを何度でも繰り返す、ということです。

例えば、いつも学校に遅刻して来る生徒がいました。

理由を探ると、前夜、寝るのが遅いんです。それは、テレビゲームのせいで、夜中の2時、3時まで遊んでいるから、寝るのが遅くなって遅刻する。

こういう子は、深夜のテレビゲームをやめさせない限り、永遠に遅刻は直りません。

しかし、教師の権限でテレビゲームを取り上げることもできません。だから私は、ゲームの時間を少し前にずらし、夜11時には終わらせるよう習慣付ける、「時間管理」の指導をしました。

結果、彼は、基本的には遅刻しなくなりました。けれど、たまに昔の習慣がぶり返して、夜中までゲームをしてしまう。すると、また遅刻します。

つまり、失敗する人というのは、「失敗を招く習慣」に従って、同じ失敗を何度でも繰り返すのです。大人だって、同じです。息抜きの酒やパチンコがつい行き過ぎて失敗する人など、結構いるものです。

そんな同じ失敗を繰り返す人々の姿から、二つのことが分かりました。

まず、人間は、各自の習慣に従って、何度も同じような失敗を繰り返すし、逆に、コツをつかんで成功を繰り返す人もいる。前者を「失敗者」と呼び、後者を「成功者」と呼びます。その比率は、概ね9対1というところでしょうか。

だからと言って失敗者が、一生、失敗者のままということはありません。

遅刻する子供も、自分の中にある×の習慣に気付き、規律正しい○の習慣に変えたら、遅刻しなくなる。そうやって、自分の中の×を一つずつ○に変えていけば、成功者になれる。これが二つ目の発見です。

すなわち、重要なのは「主体変容」。自分を変えることです。

そのために必要なのは、何より「自己分析」。己を知ることです。

「主体変容」するために

ここまで考えて、私は自分の大きな過ちに気付きました。「目標」を立てたら、「方法」を考える前に「自己分析」をしなければならないのだ、と。

そこで私は、目標設定用紙に「自己分析」の欄を加えました。

それまでは、用紙の上半分に「目標設定」と「イメージ」を作る欄があり、下半分に「方法」の欄があるだけでした。その二つの間に自己分析の欄を作ったのです。すなわち、「過去の成功例と失敗例の分析」、そして、「予想される問題点と解決策」です。

それからというもの、生徒などが完成させた目標設定用紙をざっと見て、用紙の真ん中、自己分析の欄の文字数が多いと、それだけで「この人は成功する確率が高い」と分かるようになりました。

文字は、その人の考えを表します。自己分析の文字数が多い、ということは、自分について、よく考えているということ。すなわち、自分の強み、弱みに気付く力が高いということです。

寝坊をする子供が、「早寝すればいいや」としか考えていなければ、寝坊が直る可能性は低い。だが、「テレビゲームをやり過ぎて、寝るのが遅くなるから寝坊する。だから、ゲームは11時までに終わらせよう」と気付き始めると、直る確率が高まります。

と言うのは、後者の子供の方が、考え出した具体的行動の精度が高い。加えて、「これなら、やれるぞ。できそうだ」という感覚、心理学で言うところの「統制感」が強いのです。

「寝坊を直す」という課題に対して、通り一遍の「早く寝る」という方法を書き出したところで、その子供自身、いま一つピンと来ない。

けれど、課題を自己分析のフィルターに通して、

長期目標設定用紙

（過去の分析）（成功例）（心理面） ①やる気、意欲にあふれていた ②目標設定をきちんと行い成功イメージがあった ③やるべきことが明確であった ④プラス思考 ⑤スマイルがあり、楽しく充実感のある毎日	**（失敗例）** ①目標設定がいい加減。達成イメージをしていない ②達成意欲が低く、自分に甘い ③真剣、本気さが少ない ④マイナス思考 ⑤言い訳を作る。言い訳をする
（仕事のやり方） ①やるべきことが明確であった ②整理整頓、優先順位が確立している ③朝から能率良く、効率良く仕事ができた ④テンションが高く、集中力も高い ⑤忙しいが、楽しく、充実感、達成感、満足感がある	①物事の整理整頓がされていない ②優先順位がバラバラ ③やるべきことが明確でない ④タイムマネジメントができていない。朝の時間の使い方がルーズ ⑤テンションが低い。やる気が低い
（体・健康） ①睡眠時間の確保、起床がスムーズ ②規則正しい生活。消灯時間が安定している ③体重60kg前後 ④食欲がコントロールされている ⑤セルフコンディショニング、ランニングに取り組んでいる	①睡眠不足 ②暴飲暴食、飲み過ぎによる二日酔い ③食欲をコントロールできない。オーバーウエイト ④朝のセルフコンディショニングをしない ⑤ランニング、トレーニングを妥協する、さぼる
（生活） ①家族とのコミュニケーションが取れている ②規則正しい帰宅と消灯時間の安定 ③奉仕の心、感謝の心がある ④快適な目覚め、朝のテンション、集中力が高い ⑤プラス思考でいる	①家族とのコミュニケーションが悪い ②言葉遣い、態度が悪い ③不規則な生活。消灯時間がバラバラ ④時間のムダ使い ⑤奉仕の心、感謝の心がない。横柄
（予想される問題点）（心理面） ①行動意欲の低下、やる気が湧かない ②目標設定がいい加減 ③決意していない。イメージが出来ていない ④日誌を書かない ⑤奉仕の心、感謝の心が少ない	**（解決策）** ①目標設定をきちんと行う ②マメに見直して、イメージを明確にすること ③日誌でモチベーション管理、イメージ管理を行う ④[redacted]先生、[redacted]先生に学ぶ。初心に帰る ⑤何事にも感謝する
（仕事のやり方） ①目標設定がいい加減。優先順位がない ②整理整頓がされていない ③タイムマネジメントができていない。朝の時間をルーズに過ごす ④理念を貫いていない ⑤周囲の評価を気にし過ぎ	①日誌で自己管理 ②やるべきことを明確にする。優先順位を明確にする ③朝の時間を大切にする。ポストイットを活用する ④理念を貫く ⑤成果、結果を発信する。コミュニケーションを大切にする
（体・健康） ①暴飲暴食、食べ過ぎ、飲酒、二日酔い ②体重オーバー ③消灯時間が不規則。睡眠不足。起床がルーズ ④朝のセルフコンディショニング不足 ⑤ランニング、トレーニングをしていない	①規則正しい食生活 ②ゆっくりよく噛んで食べる ③必要以外は飲酒しない ④消灯時間を一定にする ⑤早寝早起き、朝のセルフコンディショニング、ランニング、トレーニングを行う
（生活） ①家族とのコミュニケーション不足。奉仕不足 ②言葉遣い、態度が悪い ③行動の優先順位に迷いがある ④不規則な生活。タイムマネジメントができない ⑤テレビをダラダラと見る	①プラス思考でいること ②言葉遣い、態度、表情を丁寧に ③子供の行事への参加 ④やるべきことの明確化、優先順位を [illegible] で家族との時間を大切にする
具体的な行動 ―― Ⅰ（毎日継続・繰り返す行動）	**具体的な行動 ―― Ⅱ（期日を決めてやる** [illegible]

自分の強み＆弱みを知り、自分を変える

「テレビゲームのやり過ぎ」という自分の悪い習慣を探し当て、「ゲームは11時まで」という、自分だけの改善方法を導き出すと、子供に「できそうだ」という感覚が強まる。

実際、自己分析の指導を始めてから、子供達は、目標達成に向けてイキイキと、より具体的で精度の高い方法を考え出すようになりました。

企業も、こういう自立した人材を求めているのだと思います。だから、多くの企業が、目標管理制度を導入しているのでしょう。

しかし、現実には、多くが失敗に終わってしまいます。それは自己分析をしていないから。さらに言えば、指導者が、根本的な人間の成功法則を理解していないからだと、私は思うのです。

人が成功者に変わるために、必要なことは何か?

目先のノウハウではありません。ノウハウを実践し、結果を出せる「自分」に変わること、主体変容です。

しかし、多くの場合、部下も上司も経営者も、成功のカギを握るのはノウハウ、方法論だと思っている。だから、自己分析という作業を怠ってしまう。

思考から変えない限り、成功はつかめないのです。

POINT

「失敗者」を「成功者」に変えるには

1 目標達成の方法を導き出す手順

×目標設定 → 目標達成の方法

○目標設定 → 自己分析 → 目標達成の方法

2 失敗者と成功者

失敗者（9割）＝自分の中に×の習慣がある → 失敗を繰り返す

↓

自分の中にある「×の習慣」を「○の習慣」に変える ← 自己分析

↓

成功者（1割）＝自分の中に○の習慣がある → 成功を繰り返す

「主体変容」

3 「自己分析」をしてから「方法」を考える意義

①考え出した方法の精度が高まる

②考え出した方法を実践し、成果を上げることに対する自信
　＝統制感　が高まる

第8回

「データ＋自己分析」で〝仕事の質〟を高める

「仕事の質を高めたい」

企業の方々は、よくこう言いますが、「仕事の質が高い」とは、具体的にどういうことなのでしょうか?

目標設定の指導に自己分析を取り入れた頃、私は、陸上部の練習方法にも改良を加えました。練習メニューを本数などの「量」でなく、「時間」で組むように変えたのです。

それまでは、トラック3周をジョギングした後、１００ｍダッシュを10本といった具合に、「量」を基準に練習メニューを作っていました。それを、ジョギング3分の後に１００ｍダッシュを10分という具合に、基準を「時間」に変えたのです。

きっかけは、「練習メニューを、予定通りにやり切れない」悩みでした。

練習メニューを「量」で決めると、生徒達には「やらされている」感覚が強く、彼らがダラダラと時間を消費している内に、部活動の時間が終わってしまいます。その結果、後半に設定した大切な練習が、時間切れでこなせないのです。

練習メニューの内容は、日本一のものを作ったと自負していました。しかし、実践できなければ意味がない。

そこで、練習メニューを「時間」で区切るように変えたのです。

これは効果てきめんでした。部員全員が、練習メニューをやり切れるようになったのはもちろん、時間が来れば、全員が一斉に次の練習メニューに移るので、誰一人ダラダラせず、すべての練習に集中しました。

しかし、それ以上に収穫だったのは、練習方法の改善が自己分析と相乗効果を発揮し、〝練習の質〟が高まったということです。

練習を「時間」で管理すると、生徒達は日々、今現在の自分の実力に直面することになります。

例えば、中学2年生の陸上部員がいて、目標は「中学3年生で陸上日本一」だとする。

その彼が、1月現在、「１００ｍダッシュ10分間」の練習で8本走っているとしましょう。

そこで私は、それまでに集積してきた過去の先輩達のデータを、彼に示します。「去年、中学3年生で日本一になった○○先輩は、2年生の1月、10分間で10本走っていた」と。

すると当然、彼は「今のままじゃあかん」と、毎日の練習で「10分間で10本」走れるようになろうとする。

「10分間で8本しか走れない自分」を、「10分間で10本走れる自分」に変えるには、何か自分の問題点に気付いて、何かを変えなくてはなりません。それは、フォームかもしれないし、一本走り終えた後、次の一本に移るまでの無駄な時間かもしれません。

改善すべきことは一人ひとり違う。だから、自己分析で問題点を探らせる。そこまで考えて走るから練習の質が高まる、ということです。

松虫中学陸上部の練習は、毎日わずか90分でした。練習の質が高ければ、それでも日本一になれるのです。

私の考えるところ、〝仕事の質〟も〝練習の質〟も、基本は同じです。

「頑張れ！」と上司が部下を激励して、たくさん働かせるだけでは、仕事の質は上がりません。

長期目標設定用紙

(過去の分析)(成功例)(心理面) ①やる気、意欲にあふれていた ②目標設定をきちんと行い成功イメージがあった ③やるべきことが明確であった ④プラス思考 ⑤スマイルがあり、楽しく充実感のある毎日	**(失敗例)** ①目標設定がいい加減。達成イメージをしていない ②達成意欲が低く、自分に甘い ③真剣、本気さが少ない ④マイナス思考 ⑤言い訳を作る。言い訳をする
(仕事のやり方) ①やるべきことが明確であった ②整理整頓、優先順位が確立している ③朝から能率良く、効率良く仕事ができた ④テンションが高く、集中力も高い ⑤忙しいが、楽しく、充実感、達成感、満足感がある	①物事の整理整頓がされていない ②優先順位がバラバラ ③やるべきことが明確でない ④タイムマネジメントができていない。朝の時間の使い方がルーズ ⑤テンションが低い。やる気が低い
(体・健康) ①睡眠時間の確保、起床がスムーズ ②規則正しい生活。消灯時間が安定している ③体重60kg前後 ④食欲がコントロールされている ⑤セルフコンディショニング、ランニングに取り組んでいる	①睡眠不足 ②暴飲暴食、飲み過ぎによる二日酔い ③食欲をコントロールできない。オーバーウエイト ④朝のセルフコンディショニングをしない ⑤ランニング、トレーニングを妥協する、さぼる
(生活) ①家族とのコミュニケーションが取れている ②規則正しい帰宅と消灯時間の安定 ③奉仕の心、感謝の心がある ④快適な目覚め、朝のテンション、集中力が高い ⑤プラス思考でいる	①家族とのコミュニケーションが悪い ②言葉遣い、態度が悪い ③不規則な生活。消灯時間がバラバラ ④時間のムダ使い ⑤奉仕の心、感謝の心がない。横柄
(予想される問題点)(心理面) ①行動意欲の低下、やる気が湧かない ②目標設定がいい加減 ③決意していない。イメージが出来ていない ④日誌を書かない ⑤奉仕の心、感謝の心が少ない	**(解決策)** ①目標設定をきちんと行う ②マメに見直して、イメージを明確にすること ③日誌でモチベーション管理、イメージ管理を行う ④[redacted]先生、[redacted]先生に学ぶ。初心に帰る ⑤何事にも感謝する
(仕事のやり方) ①目標設定がいい加減。優先順位がない ②整理整頓がされていない ③タイムマネジメントができていない。朝の時間をルーズに過ごす ④理念を貫いていない ⑤周囲の評価を気にし過ぎ	①日誌で自己管理 ②やるべきことを明確にする。優先順位を明確にする ③朝の時間を大切にする。ポストイットを活用する ④理念を貫く ⑤成果、結果を発信する。コミュニケーションを大切にする
(体・健康) ①暴飲暴食、食べ過ぎ、飲酒、二日酔い ②体重オーバー ③消灯時間が不規則。睡眠不足。起床がルーズ ④朝のセルフコンディショニング不足 ⑤ランニング、トレーニングをしていない	①規則正しい食生活 ②ゆっくりよく噛んで食べる ③必要以外は飲酒しない ④消灯時間を一定にする ⑤早寝早起き、朝のセルフコンディショニング、ランニング、トレーニングを行う
(生活) ①家族とのコミュニケーション不足。奉仕不足 ②言葉遣い、態度が悪い ③行動の優先順位に迷いがある ④不規則な生活。タイムマネジメントができない ⑤テレビをダラダラと見る	①プラス思考でいること ②言葉遣い、態度、[illegible] ③子供の行事への参加 ④やるべきことの明確化、優先順位を[illegible]心で家族との時間を大切にする
具体的な行動 —— Ⅰ (毎日継続・繰り返す行動)	**具体的な行動 —— Ⅱ (期日を決めてやる[illegible]**

過去のデータで
自己分析の
精度を上げる

部下の気付きを高めていかなければならない。

それには、自己分析させて「自分」に気付かせること。そして、自己分析の土台として、現状を認識させる過去のデータが必要です。

「凄い奴は、これだけやってたぞ」とデータを目の当たりにすれば、気付きが生まれ、自己分析の精度が上がります。その結果、仕事の質が高まるのです。

「敵は誰ですか――自分です」

そんな〝仕事の質〟の本質を理解している人や企業は、間違いなく勝ち組になっています。しかし、実のところ、勝ち組にこそ自己分析が不可欠なのです。

勝ち組は、後続に追われ、目標にされます。少しでも気を緩めれば、すぐ追いつかれ、追い抜かれてしまう。

勝ち組が勝ち続けるためには、危機感を保ち、「今以上」「より以上」を目指し、挑戦し続けること。つまり、「今までの自分」「今までの自社」に自ら挑むしかないのです。

そこに気付いている勝ち組は、「勝ち」の内容、勝ち方にこだわります。何本のヒットを打って首位打者になるのか。何兆円儲けて業界トップに立つのか——勝ち負けでなく、記録や成果で、「より高いレベルにある自分」をイメージして、そこを目指す。

そんな「より高い目標」を考え出す時、自己分析が必要になります。

例えば、松虫中学陸上部は、全国大会の前に優勝を宣言して試合に臨む、「予告宣言優勝」に挑みました。

自己分析すると、自分の「勝ち」を支える長所、いわゆるコンピテンシーが分かります。その強みを伸ばしていくと、「より高いレベルにある自分」が見えてくる。

松虫中学の強みは、「あらゆる状況を想定し、万全の準備で試合に臨む」こと。その強みを伸ばせば、「『日本一になる』と宣言して勝てる！」。そんな「今までより高いレベルの勝ち方」にこだわり、勝負を挑み続けたのです。

「史上初の予告宣言優勝」のような、より高い内容での勝利を目標設定できなければ、松虫中学も勝ち続けられなかったのです。

「敵は誰ですか？——自分です」

常に自分に、こう言い聞かせること。それが勝ち組への道です。

POINT

「自己分析」の生かし方

1 「仕事の質」を高める方法

×「頑張れ!」の言葉で追いたてる → 仕事の「量」「質」共に高まらない

○ [自己分析の技術を指導 ＋ 自己と比較可能なデータを提示] → 仕事の「質」が高まる

2 「勝ち組」が勝ち続ける方法

「負け組」の場合：

目標 ＝ 勝ち組に勝つこと

「勝ち組」の場合：

× 目標 ＝ 今までと同じ勝ち方に挑む

→ 「負け組」に転落

○ 目標 ＝ より高いレベルの勝ち方 に挑む

→ 「勝ち組」の座を守る

↓

自己分析から導いた
自分の強み ＝ コンピテンシー
をより強化した自分

第9回

「正しい努力」で成果を上げる

「努力する」とは、どういうことでしょうか。
人には「心の幅」があることは既に説明しました。心の幅とは、自分がイメージする「最高の自分」と「最低の自分」の間の幅。長期目標設定用紙で言う「最高の目標」と「絶対達成できる目標」の間の幅です。この幅を「コンフォートゾーン（安心できる場所）」、略して「ゾーン」とも呼びます。

スポーツ選手も会社員も、自分のゾーンを超える成果は出せません。たとえイチローでも、4割バッターになる自分をイメージできていなければ、打率4割は出せない。逆に、打率3割は、今のイチローにとって「絶対達成できる目標」ではないでしょうか。

人が出す成果はすべてその人のゾーンの範囲内に納まる、ということです。

ただ、成果の出方には個人差があり、いつもゾーンの上限に近い成果を出せる人もいれば、いつもゾーンの下限の方でしか成果を出せない人もいる。あるいは、その時々で、上の方で成果を出したり、下の方で出したり、バラバラで一定しない人もいます。

常にゾーンの上限に近い成果を出し続ける人は、自分がゾーンの天井にいる時と底にいる時、それぞれどんな状態にあるかを分析し、ゾーンの天井にいる時の自分、つまりベストコンディションの自分を意識的に作っています。そういう試みを、我々は「正しい努力」と呼ぶのです。

イチローの凄さは、ゾーンそのものの高さだけではありません。それ以上に、常にゾーンの天井にいるように自分を調整している、すなわち「努力している」ことにあるのです。

上司や教師の多くは、この「努力」という言葉の意味を知らず、闇雲に「頑張れ、頑張れ」と檄を飛ばします。それでは、部下や生徒には進むべき方向が分かりません。だから、仕事や練習に時間を掛けて汗を流しても、結果が出ない。彼らには、「頑張った気がする」という自己満足しか残らない。

「努力する」には、まず、成果が上がった時の自分と、上がらなかった時の自分の違いを認識しなければなりません。だから、私の指導では、過去の成功例と失敗例を分析させるのです。

この自己分析を精緻にするため、私は四つの観点を用意しました。すなわち、「心理面」＝心、「仕事のやり方」＝技、「体・健康」＝体、そして「生活」という四つの観点から、過去を振り返らせる。これが自己分析の精度を上げる秘訣です。

「心技体」は、人が職場や学校など「表」の舞台で力を発揮するのに不可欠な要素です。そして、心技体を「裏」側から支えるのが「生活」です。

学校や職場といった表の姿だけで、人を理解することはできません。人の表の姿は、家庭生活という裏の姿と表裏一体です。学校で落ち着きのない子供がいたら、その裏に必ず家庭のすさみがあります。それは、社会人も同じでしょう。

一流は「心」に気を配る

心技体では、「心」が重要です。

三流の選手や指導者は、投球フォームなど「技」のことばかり考えるものです。少しレベルが上がると、今度は筋力トレーニングなど「体」の問題を気にしますが、それではまだ二流です。

一流と呼ばれる人々は、「技」と「体」に加えて、「心」の状態にも気を配ります。常に結果を出している、世界の一流選手、一流指導者であればあるほど、メンタルトレーニング、心の指導を大事にしているものです。

この三流から一流への過程は、私自身が通ってきた道でもあります。

教師生活の前半10年間、私にも「心」の観点が欠けていました。だから、煙草を吸ったり、万引きする子供達を厳しく躾《しつけ》ても、なかなか効果を上げられませんでした。

子供達の喫煙や万引きは「心」の問題です。教師の私が子供達の心に目を向けなければ、直せません。さらに言えば、学校で問題を起こす子供達の裏にある、家庭のすさみにまで踏み込まなければならなかったのです。

心技体に関連して、もう一つ、日本文化の問題点に触れたいと思います。

日本人には、型、そして技を重んじる傾向があります。それは、農耕民族の生活に根差すものでしょう。

長期目標設定用紙

（過去の分析）（成功例）（心理面） ①やる気、意欲にあふれていた ②目標設定をきちんと行い成功イメージがあった ③やるべきことが明確であった ④プラス思考 ⑤スマイルがあり、楽しく充実感のある毎日	**（失敗例）** ①目標設定がいい加減。達成イメージをしていない ②達成意欲が低く、自分に甘い ③真剣、本気さが少ない ④マイナス思考 ⑤言い訳を作る。言い訳をする	
（仕事のやり方） ①やるべきことが明確であった ②整理整頓、優先順位が確立している ③朝から能率良く、効率良く仕事ができた ④テンションが高く、集中力も高い ⑤忙しいが、楽しく、充実感、達成感、満足感がある	①物事の整理整頓がされていない ②優先順位がバラバラ ③やるべきことが明確でない ④タイムマネジメントができていない。朝の時間の使い方がルーズ ⑤テンションが低い。やる気が低い	
（体・健康） ①睡眠時間の確保、起床がスムーズ ②規則正しい生活。消灯時間が安定している ③体重60kg前後 ④食欲がコントロールされている ⑤セルフコンディショニング、ランニングに取り組んでいる	①睡眠不足 ②暴飲暴食、飲み過ぎによる二日酔い ③食欲をコントロールできない。オーバーウエイト ④朝のセルフコンディショニングをしない ⑤ランニング、トレーニングを妥協する、さぼる	
（生活） ①家族とのコミュニケーションが取れている ②規則正しい帰宅と消灯時間の安定 ③奉仕の心、感謝の心がある ④快適な目覚め、朝のテンション、集中力が高い ⑤プラス思考でいる	①家族とのコミュニケーションが悪い ②言葉遣い、態度が悪い ③不規則な生活。消灯時間がバラバラ ④時間のムダ使い ⑤奉仕の心、感謝の心がない。横柄	
（予想される問題点）（心理面） ①行動意欲の低下、やる気が湧かない ②目標設定がいい加減 ③決意していない。イメージが出来ていない ④日誌を書かない ⑤奉仕の心、感謝の心が少ない	**（解決策）** ①目標設定をきちんと行う ②マメに見直して、イメージを明確にすること ③日誌でモチベーション管理、イメージ管理を行う。④[redacted]先生、[redacted]先生に学ぶ。初心に帰る ⑤何事にも感謝する	
（仕事のやり方） ①目標設定がいい加減。優先順位がない ②整理整頓がされていない ③タイムマネジメントができていない。朝の時間をルーズに過ごす ④理念を貫いていない ⑤周囲の評価を気にし過ぎ	①日誌で自己管理 ②やるべきことを明確にする。優先順位を明確にする ③朝の時間を大切にする。ポストイットを活用する ④理念を貫く ⑤成果、結果を発信する。コミュニケーションを大切にする	
（体・健康） ①暴飲暴食、食べ過ぎ、飲酒、二日酔い ②体重オーバー ③消灯時間が不規則。睡眠不足。起床がルーズ ④朝のセルフコンディショニング不足 ⑤ランニング、トレーニングをしていない	①規則正しい食生活 ②ゆっくりよく噛んで食べる ③必要以外は飲酒しない ④消灯時間を一定にする ⑤早寝早起き、朝のセルフコンディショニング、ランニング、トレーニングを行う	
（生活） ①家族とのコミュニケーション不足。奉仕不足 ②言葉遣い、態度が悪い ③行動の優先順位に迷いがある ④不規則な生活。タイムマネジメントができない ⑤テレビをダラダラと見る	①プラス思考でいること ②言葉遣い、態度、表情を丁寧に ③子供の行事への参加 ④やるべきことの明確化、優先順位を明確にする ⑤感謝の心、奉仕の心 [illegible]する	
具体的な行動 —— I （毎日継続・繰り返す行動）	**（期日を決めてやる行動）**	**期日**

心技体＋生活を細かく自己分析

と言うのも、農耕民族の生活では、毎年ある決まった時期に土地を耕し、ある時期に種をまき、ある時期に水をやる。それを型通り、几帳面に繰り返せば、成果が上がるものだからです。

型を守る民族は、一定の品質のものを安定的に作り続けるのは得意ですが、突拍子もない、革新的なものを生み出すのは苦手です。１９９０年代、ＩＴ革命の中で米国にビル・ゲイツというカリスマ経営者が出たのに対し、日本から革新的なリーダーが生まれなかった背景には、そんな文化的要因もあったと思います。

もちろん、日本にもＩＴ業界をはじめ、各界にベンチャー起業家は多くいますが、彼らは皆、農耕民族のＤＮＡと戦っています。型にこだわる民族性、平均点を出し続ける民族性から脱却しようとしています。

彼らの敵とは、日本の進化、成長を阻む古い習慣、体制です。それらを打破しなければ、革新的な発想が生まれず、世界と肩を並べて戦えません。

ベンチャー起業家ならずとも、今、すべての日本人に、型にとらわれることなく、悪しき旧弊を断ち切る気概が求められていると思います。

POINT

「努力」の本当の意味

1　努力家とは……

○その人の「ゾーン」＝「心の幅」の
上限に近い成果を出し続けようとする人

×その人の「ゾーン」を超える成果を出そうとする人

2　努力とは……

○「ゾーン」の天井＝ベストコンディションにいる自分を作ること
→結果を出せる

×「頑張った」気持ちになること　→結果を出せない

3　「心技体」＋「生活」＝自己分析の4つの観点

「心技体」→学校や会社など「表」の成果を構成する要素

「生活」　→学校や会社など「表」の成果を
「裏」で支えている要素

4　日本人の特徴

型・技を重んじる（農耕民族型）

→得意分野：一定品質の製品・サービスを提供し続ける
苦手分野：革新的な製品・サービスを新しく生み出す

第10回

プロとは、未来に向けて「準備」できる人

「プロ」とは、どういう人を言うのでしょうか――出した結果を単純に数字だけで比べて、凄い人をプロとするのは違うと思います。

私の長期目標設定用紙には、心技体と生活の各観点から、「予想される問題点」と「解決策」を書く欄があります。ここへの書き込みが増えた人を見ると、私は「プロらしくなってきたな」と思います。

プロと呼ばれる人は、未来に心を向けて、これから起きるであろう問題を予測し、それらに対して万全の解決策を準備し、事前に実行しています。この事前準備が凄いからこそ、常に安定して高い成果を出せるのです。

２００４年のアテネ五輪で、女子ソフトボールの日本代表は、金メダルを期待されながらも、銅に終わりました。

私が大変、驚いたことがあります。

本番の試合で、ある有力選手が凡フライを捕り損ねて負けた後、「日差しが目に入って

しまった。普段、夜に練習をしているので、太陽の眩しさを計算していなかった」とコメントしていたのです。

アテネでは日中、照りつける太陽の下で試合するのは、あらかじめ分かっていたことです。ところが、眩しさを予測し、それに備えることができなかった。技と体は世界のトップレベルでも、心のレベル、気付きのレベルに不足はなかったでしょうか。

オリンピック選手ですら、単純な準備不足で負けることがある――準備の大切さを、改めて思い知りました。

中学生の陸上指導でも同じです。

明日が全国大会の決勝戦という日、心配なことを挙げれば、色々あります。明日の天気、宿の朝食、相手選手の実力に、もし靴下が擦り切れたらどうすればいいか……。

そういう未来のことには、自分でどうにかできることと、どうにもできないことがあります。靴下は換えを用意すればいいし、朝食もホテルの人に相談すれば、希望のものに変えられる。しかし、天気や相手選手の実力など、考えても仕方ありません。

自分でどうすることもできないことは、考えてはいけない。代わりに、できることには十分に準備しよう――松虫中学の陸上部で、私は生徒達にこう説いていました。

全国大会の時、生徒達は、いつも山のような荷物を抱えていました。何しろ換えの靴下や風邪薬はもちろんのこと、万一、寒くなった時に備えて、真夏でも使い捨てカイロを用意していたのですから。

こうやって、未来に向けて、準備できることをしっかり準備すると、生徒の心から不安や焦り、イライラが消えていきました。そして、自信が生まれました。これを「平常心」と呼ぶのです。

自分の力で平常心を作れる人は、プレッシャーに強い。そういう人は、例えば、9回裏二死満塁の場面でも心臓のドキドキを抑え、自分をコントロールして逆転ホームランを打てるのです。

答えは自分の中にある

私が長期目標設定用紙に「問題点」と「解決策」の欄を作ったのは、哲学からヒントを得ました。

ある哲学者が、「答えは自分の中にある」と説いていました。その意味するところは、「何かに悩んでいる人は、実のところ、既に問題の解決策を知っている」ということです。

私の教師生活20年を振り返ると、この教えには意義深いものがあります。生徒や父兄、陸上関係者など多くの人から相談を受けて、私が痛感したのは、「皆、自分で答えが分かっているのに、気付かないふりをしている」ということ。それは、解決策を実行に移すことにためらいがあるからです。

例えば、体重オーバーで悩んでいる陸上部員がいます。彼は、やせるといううたい文句の健康食品や運動器具を次々に試して、悪戦苦闘しています。けれど、第三者から見れば何てことはない。食べ過ぎているだけなんです。

自分でも食べ過ぎに薄々気付いているんですが、はっきり気付いてしまったら、食べる量を控えなければならない。それが嫌で、無意識の内に気付かないようにしているんです。

そこで、「お前、食べ過ぎじゃないか」と言っ

長期目標設定用紙

問題点を書き出すと同時に、解決策を決める

（過去の分析）（成功例）（心理面） ①やる気、意欲にあふれていた ②目標設定をきちんと行い成功イメージがあった ③やるべきことが明確であった ④プラス思考 ⑤スマイルがあり、楽しく充実感のある毎日	**（失敗例）** ①目標設定がいい加減。達成イメ く、自分に甘い ③真剣、本気さが少ない ④マ 訳をする	
（仕事のやり方） ①やるべきことが明確であった ②整理整頓、優先順位が確立している ③朝から能率良く、効率良く仕事ができた ④テンションが高く、集中力も高い ⑤忙しいが、楽しく、充実感、達成感、満足感がある	①物事の整理整頓がされていない ②優先順位がバラバラ ③やるべきことが明確でない ④タイムマネジメントができていない。朝の時間の使い方がルーズ ⑤テンションが低い。やる気が低い	
（体・健康） ①睡眠時間の確保、起床がスムーズ ②規則正しい生活。消灯時間が安定している ③体重60kg前後 ④食欲がコントロールされている ⑤セルフコンディショニング、ランニングに取り組んでいる	①睡眠不足 ②暴飲暴食、飲み過ぎによる二日酔い ③食欲をコントロールできない。オーバーウエイト ④朝のセルフコンディショニングをしない ⑤ランニング、トレーニングを妥協する、さぼる	
（生活） ①家族とのコミュニケーションが取れている ②規則正しい帰宅と消灯時間の安定 ③奉仕の心、感謝の心がある ④快適な目覚め、朝のテンション、集中力が高い ⑤プラス思考でいる	①家族とのコミュニケーションが悪い ②言葉遣い、態度が悪い ③不規則な生活。消灯時間がバラバラ ④時間のムダ使い ⑤奉仕の心、感謝の心がない。横柄	
（予想される問題点）（心理面） ①行動意欲の低下、やる気が湧かない ②目標設定がいい加減 ③決意していない。イメージが出来ていない ④日誌を書かない ⑤奉仕の心、感謝の心が少ない	**（解決策）** ①目標設定をきちんと行う ②マメに見直して、イメージを明確にすること ③日誌でモチベーション管理、イメージ管理を行う ④[redacted]先生、[redacted]先生に学ぶ。初心に帰る ⑤何事にも感謝する	
（仕事のやり方） ①目標設定がいい加減。優先順位がない ②整理整頓がされていない ③タイムマネジメントができていない。朝の時間をルーズに過ごす ④理念を貫いていない ⑤周囲の評価を気にし過ぎ	①日誌で自己管理 ②やるべきことを明確にする。優先順位を明確にする ③朝の時間を大切にする。ポストイットを活用する ④理念を貫く ⑤成果、結果を発信する。コミュニケーションを大切にする	
（体・健康） ①暴飲暴食、食べ過ぎ、飲酒、二日酔い ②体重オーバー ③消灯時間が不規則。睡眠不足。起床がルーズ ④朝のセルフコンディショニング不足 ⑤ランニング、トレーニングをしていない	①規則正しい食生活 ②ゆっくりよく噛んで食べる ③必要以外は飲酒しない ④消灯時間を一定にする ⑤早寝早起き、朝のセルフコンディショニング、ランニング、トレーニングを行う	
（生活） ①家族とのコミュニケーション不足。奉仕不足 ②言葉遣い、態度が悪い ③行動の優先順位に迷いがある ④不規則な生活。タイムマネジメントができない ⑤テレビをダラダラと見る	①プラス思考でいること ②言葉遣い、態度、表情を丁寧に ③子供の行事への参加 ④やるべきことの明確化、優先順位を明確にする ⑤感謝の心、奉仕の心で家族との時間を大切にする	
具体的な行動 —— I（毎日継続・繰り返す行動）	**具体的な行動 —— II（期日を決めてやる行動）**	**期日**

てやると、彼は「やっぱりそうか」と観念して、やっと食べる量を減らすようになる。
指導者が答えを考えてやって、「教える」必要なんてないんです。指導者がすべきことは、答えに「気付かせる」こと。解決策を知っているのに、実行に移せない部下や生徒の背中を押してやることです。そういう精神的な指導者を「メンター」と呼びます。

松虫中学の陸上部では、下級生一人につき、目標設定の技術に熟練した上級生を一人、メンターに任命していました。メンターの上級生は、下級生に一対一で、長期目標設定用紙や日誌の書き方、礼儀作法を指導する。そうやって心技体と生活を、正しい方向に導かせていたのです。

もちろん、監督の私もメンターでしたし、短距離パートや長距離パートなど、種目別のパートを率いるパート長もメンターでした。しかし、一人のリーダーが何人もの人を見るのでは、なかなか隅々まで目が届かない。やはり、マンツーマンのメンターが必要です。

企業でメンター的な役割を担っているのは、部長や課長、そして時に社長でしょう。しかし、それだけでは不十分だと、私は思います。社員の気付きのレベルを上げるために、企業でもマンツーマンのメンター制度を取り入れるべきではないでしょうか。

POINT

「プロフェッショナル」の本当の意味

1 「プロ」とは？

×一度でも、凄い結果を出した人

○安定的に、高い結果を出し続ける人

　＝ 平常心を自分で作り出せる人

　＝ 問題点を予測し、対策を立て、実行している人

‖

準備力

2 指導者がすべきこと

×悩みに対して、答えを教えること

○悩みに対して、本当は自分で分かっている答えに気付かせること

　＝ メンター（精神的指導者）の役割

3 心の指導を徹底するために

メンターを色々なレベルで配置する

Ex. ①組織全体のリーダー → 社長

②部門ごとのリーダー → 部課長

③マンツーマンの指導係 → 先輩社員

第11回

仕事のコツ、22分半で64個書けますか?

松虫中学陸上部には、教師や経営者などたくさんの指導者の方々が見学に来ました。

彼らと話す中で、気付いたことがあります。会話が続く人と、続かない人がいるのです。2時間、3時間と話しても話が尽きない人もいれば、3分と持たない人もいる。そして、その話の続く長さの差が、どうやら、その指導者の指導力と出せる成果に関係しているらしい、と分かったのです。

これは、どういうことでしょうか?

話が続く陸上指導者は陸上が大好きで、陸上について日頃から真剣に考えています。選手を強くしようと、普段から思いを巡らせ、工夫しているので、質問や話題が湧き出す。

そういう一流の指導者は、選手への指示が具体的です。「試合当日の朝食は、こんな献立を、この時間に」「試合前のウオーミングアップは、こんなメニューで」と、場面ごとに取るべき行動をイメージさせて教える。そんな「場面指導」を行っています。

一方、それ以外の指導者は、「頑張れ、一生懸命にやれ」など抽象的な言葉を繰り返すばかりで、イメージが湧く「場面指導」がない。だから、選手達が、闇雲に「頑張る」ことばかりを目標にしてしまって、成果が上がらない、ということだったのです。

「話が続く人」は考えている

成果を出せない人は、日頃の思考が足りません。だから、「どうしたら強くなれますか？」といった、漠然として抽象的な、答えようのない質問が多くなる。

このことから分かるのは、「思考」の深さが「行動」の精度を決める。物事を具体的に細かく考える人は、気付きが高く、仕事や練習の質が高い。だから成果が上がる。

長期目標設定用紙には「具体的な行動」の欄があります。今回の目標を設定し、自己分析した後、目標達成のためにすべきことを書く。この具体的な行動を「行動目標」と呼びます。

行動目標はさらに二つに分かれ、毎日継続し、反復する「ルーティン目標」が最低10個、目標達成までの途中経過として期日を決めた「期日目標」を最低10個、書く形になっています。

これら二つの「行動目標」は、より具体的であればあるほどいい。

例えば、ある営業マンが「月に3000万円売る」と目標を立てたとして、行動目標が「たくさん電話営業する」では、全然ダメです。「1日50本電話する」で50点。「毎朝10〜11時に10本電話する」なら80点。「毎朝10〜11時、過去の購買頻度と購買額から決めた優先順位に従って、10本電話を掛ける」というところまで具体的になったら、満点をあげてもいいでしょう。

私は研修の参加者によく、一つのテーマに2分半で8個の答えを書き出す、という課題を課します。例えば、「営業部門の成績を上げたい」という幹部社員に、「そのための方策を8個書いてください」といった具合です。

「営業マンと顧客の接点を増やす」「営業マンの

長期目標設定用紙

具体的な行動 —— Ⅰ（毎日継続・繰り返す行動）	具体的な行動 —— Ⅱ（期日を決めてやる行動）	期日
(1) 私は教師塾理念を1日5回　朝にセルフトークします。	(11) 私は目次項目を作成します。	H16　8月末
(2) 私は日誌を書き、自己管理、イメージ管理を行います。	(12) 私は項目についての基礎資料を準備します。	H16　9月15日
(3) 私はメモ帳を常備します。人の話や気付きをメモします。	(13) 私は応用・実戦の成果についてまとめます。	H16 10月10日
(4) 私はマナーを守り、身だしなみを整え、清潔にします。	(14) 私はメンタルトレーニングとの出会いについてまとめます。	H16 10月15日
(5) 私は笑顔で、明るく、元気良く、誰に対しても挨拶をします。	(15) 私はスポーツでの実戦についてまとめます。	H16 10月25日
(6) 私は朝の時間を大切にして、セルフコンディショニングを行います。	(16) 私は教育への応用についてまとめます。	H16 11月　5日
(7) 私は飲酒せず、食欲コントロールをして、体重管理、コンディションを整えます。	(17) 私は[redacted]先生に見ていただき、アドバイスをいただきます。	H16 11月10日
(8) 私は家族を大切にします。話を聞き、家事を手伝い、靴をそろえます。	(18) 私は[redacted]先生に見ていただき、アドバイスをいただきます。	H16 11月20日
(9) 私は一日15分の本読みを行い、月に2冊読み切ります。	(19) 私は教師塾で発表します。	H16 12月10日
(10) 私は目標設定用紙、理念、コンピテンシーを毎日確認します。	(20) 私は出版社に売り込みます。	H16 12月末

「行動目標」は具体的に

商品知識を増やす」「営業マンのコミュニケーション能力を高める」等々。2分半で8個書き出せれば、普通に「考えている人」と私は見ます。「基礎思考」はできている。

これができない人は、要するに「考えていない人」。あるいは「考えているつもりの人」ということでしょう。

8×8＝64個の答えを

しかし、「営業マンと顧客の接点を増やす」というのも、まだ抽象的です。

そこで次に、先程の答えの一つひとつを、さらに深く考え、8個に進化させます。「営業マンと顧客の接点を増やす」ために何をするのか、もう2分半で8個書き出すのです。「去年の商品展示会の来場者全員にハガキを出す」「次の展示会に向けて、お得意様200人にお誘いの電話を掛ける」等々。ここまでかみくだくと、かなり具体的になります。

このようにして、8×8＝64個の要素を20分で書き出す。相当、頭を使う作業ですが、これをきちんとできる人こそ、「考えている人」。私の言うところの「実践思考」の持ち主であり、イメージが湧く場面指導ができる人です。

行動目標は、実践思考に基づかなければなりません。中でも、ルーティン目標は、「目標を達成するために、毎日何をすべきか?」の具体的な答えですから、本来、64個あるべきです。実際、松虫中学の生徒達は、目標設定用紙に紙を張り足し、ルーティン目標を60個も70個も作っていました。

では、「実践思考」をどうやって身に付ければいいか?

とにかく文字を書くことです。書いて書いて、書き続けるのです。

例えば「3分間作文」。毎日3分間、何かテーマを決めて作文する。この時、３００字なり４００字なり、目標の文字数を決めます。3分間で50字しか書けなかった人が、「４００字書くぞ」となったら、４００字分のネタを必死で探します。新聞を切り抜いたり、人の話をメモしたり、何か工夫する。そういった切り抜きやメモの中身が、実践思考の基礎を作っていくのです。

あるいは、自分の仕事のコツを、８×８＝64個、書き出す。同じ職場にいる人、全員でやると面白い。約20分後に書き終えたら、お互いのコツを見せ合い、良いものを学び合う。実践思考を磨きながら、社員同士が、それぞれの強みやコンピテンシーを共有できる、絶好の機会になるはずです。

POINT

「考える」とは、どういうことか？

1 成果を出せる、出せない指導者の違い

成果を出せる指導者

＝ 日頃から、よく思考している

→ 話が長く続く

→ 気付きが高い

→ 指示の内容が具体的でイメージが湧く

→ 仕事・練習の質が高い → 成果が上がる

成果を出せない指導者

＝ 日頃、あまり思考していない

→ 話が続かない

→ 気付きが低い

→ 指示の内容が抽象的でイメージが湧かない

→ 仕事・練習の質が低い → 成果が上がらない

2 「基礎思考」と「実践思考」

質問（ex.「あなたの仕事のコツは？」）に対して……

① 8個の回答を2分30秒で考える ＝「基礎思考」

② ①の後、8×8＝64個の回答を20分で考える ＝「実践思考」

第12回 〝ノウハウ〟より、まず強い〝思い〟

今回は、行動目標に関連して、私が考えた三つの理論を紹介します。どれも、私が常日頃、大事にしている心得です。

一番目は〝輪投げ理論〟。これは「技術、ノウハウの前に強い〝思い〟が不可欠」ということです。

私は、子供の頃から大の輪投げ好きでした。いつも「一番後ろの列にある、あの高そうなブランデーを取ってやろう」などと思って挑戦するのですが、一度も取れた試しがない。ブランデーの瓶には輪っかが通っても、いつも、瓶の下にある台に引っ掛かってしまって失敗する。

もっと輪投げの腕を磨くべきなのだろう、と私は思っていました。ところが、これが違った。ある時、昔の教え子が教えてくれたのです。

「先生、あれは、まともにやっても絶対に取れへん。わざと台を大きめにしてあるんや。輪っかを真上から落としでもせんと、通らへん」

しかし、ブランデーを取った人がいないわけではない。教え子によれば、「一つだけ方法がある。お店の人が見ていない隙に前へ出て行って、瓶の真上から輪っかを落とすんや」。それでハタと気付いた。輪投げというのは、輪投げの技術の高い人が成功するんじゃない。「あの賞品を取りたい」と強く願う人が成功するんだ、と。

前に出て行って成功した人に、反則するつもりはなかったと思うんです。「何が何でも取るぞ」と夢中で取り組む内に、我知らず前へ前へと出て行って、瓶の真上から輪っかを落とした。その結果、「今までの方法じゃ絶対にダメだったんだ」と、皆が気付いた。

不可能に思えることを成し遂げる人には、技術の前に強い思いがある。思いが強いから、新しい画期的な方法を考え出す。

一方、思いが弱い人は、既存のノウハウやマニュアルばかりに目が行ってしまう。だから、一生、ムダに輪投げの技術を磨き続けるのです。

前回、「実践思考」の重要性を説明しました。精度の高い行動を取れる人は、行動する前に、具体的な場面に落とし込んだ実践思考をしている。その実践思考も、実は「成功したい」という強い思いに支えられています。

思いを持たずに行動する人とは、闇雲に頑張るだけの人。頑張ることを目標にしてしまうから、成果を出せない。

二番目は〝おかず理論〟。これは「物事には優先順位がある」ということです。

給食の時間に、好物のおかず、例えばハンバーグなどを最後に取っておく生徒がよくいます。そんな生徒を見つけると、私はすかさず横から手を出して、パクリと食べてしまう。

「先生、ひどい」と、生徒は文句を言います。そこで、私はこう説く。

「食べる順番を考えろ。好きなものから先に食べろ。グズグズしていると、ハンバーグを食べる前に給食の時間が終わってしまうぞ」

限られた時間を意識する

日本人には、苦手なもの、嫌いなものから片付けようとする傾向が強い。だが、人に与えられた時間は有限です。ならば、得意なこと、好きなことからやるべきです。人の成果は八割方、得意な分野、好きな分野から生まれるものなのですから。

行動目標でも同じ。前回は、毎日、反復・継続するルーティン目標を60～70個考えよう、と言いました。そうしたら次に、それらのルーティン目標を整理します。

まず、「営業の電話を掛ける」といった「仕事」の項目と、「毎朝、体操する」といった

「生活」の項目に分けます。次に、優先順位を考える。自分が実践に移した時、より成功につながりやすいものはどれか。

ただし、仕事の性質が「攻め」か「守り」かで、若干違います。

「攻め」の仕事というのは、営業マンのように、一日の仕事の進め方を自分で決めるような仕事です。こういう仕事をする人は、ルーティン目標を、優先順位の高いものから長期目標設定用紙に書き出し、その優先順位に従って、実践します。

「守り」の仕事とは、飲食店のスタッフなど、一日の仕事の流れが大体決まっているような仕事です。こういう仕事をする人は、ルーティン目標も、一日の仕事の順序に従って書き出し、実践した方がいい。さもないと頭が混乱してしまいます。

三番目は〝くじ引き理論〟。これは「人は成功

長期目標設定用紙

優先順位を付ける

具体的な行動 —— Ⅰ（毎日継続・繰り返す行動）	具体的な行動 —— Ⅱ（期日を決めてやる行動）	期日
(1) 私は教師塾理念を1日5回　朝にセルフトークします。	(11) 私は目次項目を作成します。	H16　8月末
(2) 私は日誌を書き、自己管理、イメージ管理を行います。	(12) 私は項目についての基礎資料を準備します。	H16　9月15日
(3) 私はメモ帳を常備します。人の話や気付きをメモします。	(13) 私は応用・実戦の成果についてまとめます。	H16 10月10日
(4) 私はマナーを守り、身だしなみを整え、清潔にします。	(14) 私はメンタルトレーニングとの出会いについてまとめます。	H16 10月15日
(5) 私は笑顔で、明るく、元気良く、誰に対しても挨拶をします。	(15) 私はスポーツでの実戦についてまとめます。	H16 10月25日
(6) 私は朝の時間を大切にして、セルフコンディショニングを行います。	(16) 私は教育への応用についてまとめます。	H16 11月　5日
(7) 私は飲酒せず、食欲コントロールをして、体重管理、コンディションを整えます。	(17) 私は[redacted]先生に見ていただき、アドバイスをいただきます。	H16 11月10日
(8) 私は家族を大切にします。話を聞き、家事を手伝い、靴をそろえます。	(18) 私は[redacted]先生に見ていただき、アドバイスをいただきます。	H16 11月20日
(9) 私は一日15分の本読みを行い、月に2冊読み切ります。	(19) 私は教師塾で発表します。	H16 12月10日
(10) 私は目標設定用紙、理念、コンピテンシーを毎日確認します。	(20) 私は出版社に売り込みます。	H16 12月末

書いた後に
実践を確認！

の法則を教わっても、すぐ実行には移さない」ということです。

上司や教師が、部下や生徒に行動目標を立てさせて、「これを毎日やれば成功するぞ」と言葉で教えても、ほとんどの人は実践しません。例えて言えば、「当たりくじはこれだぞ」と教えてやっているのに、そのくじを引かないようなものです。

成功を体感させる

だから、上司は、言葉で教えただけで満足してはいけません。部下の手を取って「これが当たりだからな」とくじをつかませ、引かせて、「ほら、当たっただろ？　よかったじゃないか」と賞賛し、必ず彼らの成功を確認すること。それを何度も繰り返して、やっと部下は、「この人の教えてくれるくじを引くと、当たるんだ」と信じ、当たりくじを引くようになるのです。

行動目標とは、この当たりくじです。部下や生徒に実践させ、彼らを成功に導くには、指導者の粘り、根気強い指導が不可欠なのです。

POINT

日々の実践で心掛ける3つの理論

1 “輪投げ理論”——技術の前に思いがある

輪投げ ＝「従来通りの方法では成功しない課題」

輪投げで成功する人

＝ 思いが強い ➞ 思考が深い

➞ 新しい画期的な方法を生み出す ➞ **成功する**

2 “おかず理論”——優先順位を考える

好物のおかず

＝「好きな仕事、得意な仕事」「成功につながりやすい仕事」

好物のおかずを後に取っておく人

➞ おかずを食べる前に給食の時間が終わってしまう

＝ 好きな仕事、得意な仕事をせずに時間切れになる

➞ **成功しない**

3 “くじ引き理論”——正解を教えた後の確認が大事

当たりくじ ＝「成功につながる行動」

成功する指導者

➞ 当たりくじを教える ＋ 部下の手をつかんで引かせる

＋ 部下がくじを当てたことを賞賛・確認する

➞ **部下が、指導者の教えを実践するようになる**

第13回

メンタルの強さを作る技術とは

世界のトップアスリート、成功者の言動を分析していて、メンタル面でいくつかの共通点に気付きました。

第一に、彼らは「決意表明」をします。目標を設定したら、必ず周囲の人に宣言する。「アテネで金メダルを取るぞ」と公言し、自分を追い込む。

第二に、彼らは、自分を前向きにする口グセ、「セルフトーク」を持っています。例えば、ロサンゼルス五輪で金メダルを取った体操の名選手、具志堅幸司選手は、「ハルチ、ウムチ、ツヅチ」と、日本に古代から伝わる呪文を唱えながら試合に臨んでいました。

第三に、彼らは、「ルーティン」と呼ばれる、自分の気持ちを整える動作を持っています。イチローがバッターボックスに立った時の動きを思い浮かべてください。バットを垂直に立て、ピッチャーに向けて腕を伸ばし、ユニフォームの肩をつまむ。いつも寸分違わぬ、同じ動作を繰り返します。大リーグの投手には、連打されると、必ずいったんピッチャーマウンドから降りて、左の靴紐を結び直す選手もいる。

トップアスリートに共通する、これらの三つの習慣は、メンタルトレーニングの基本です。ビジネスの世界でも、成功している人は皆、同じ習慣を持っています。カルロス・ゴーン氏がコミットメントを掲げたのは、決意表明にほかなりません。また、彼が繰り返し口にした「日産リバイバル」という言葉は、自分を奮い立たせるセルフトークだったと考えられます。

強い組織、会社では、話されている「言葉」から違うのです。

思いは腐る、夢は枯れる

「成功の要諦とは、成功するまで諦めないこと」とは、故松下幸之助氏の名言です。目標を立てた瞬間は、誰もが意欲に満ち溢れているものです。しかし、そのやる気を維持できる人は稀です。大半の人は、いつしか初心を忘れ、成功をつかめずに終わる。

思いは腐る。夢は枯れる。

思いの手入れを怠れば、の話ではありますが、これは恐ろしい現実です。

だから、本気で成功を追い求める人は、最初の意気込みを忘れないよう、決意表明を言葉にして残すのです。

私の長期目標設定用紙には、「成功へ導く決意表明」の欄があります。生徒達はここに、「砲丸投げ18m投げて、日本一！」など、目標に決意を込めた言葉を書き出します。そして、その用紙を壁や天井に張って、毎朝毎晩、目に焼き付ける。

でも、それだけでは不十分です。と言うのも、決意表明として書き出した言葉が、口に出してみると、いま一つ心に響かないものだからです。

人の心を奮い立たせる言葉は、2種類ある。すなわち、「文字として視覚的に捉えて元気になる言葉」と、「口に出して、聴覚で捉えて元気になる言葉」。この二つを別々に用意すれば完璧です。

口に出して元気になる言葉が、セルフトーク。例えば、具志堅選手の「ハルチ、ウムチ、ツヅチ」です。

セルフトークは、決意表明と違って、他の人に理解してもらう必要はない。だから、他の人には意味が分からなくていい。大事なのは、自分をプラス思考にし、勇気を与える言葉であること。そして、日常生活の中で、繰り返し口に出せること、の2点です。

ルーティンは、言葉に加えて、自分の体の動きで、プラス思考を作り出すものです。私の指導では、重要な場面で気合いを入れる「向上ルーティン」と、失敗の後に気持ちを切り替える「切り捨てルーティン」を準備します。

ルーティンは、ジンクスとは似て非なるものです。前の試合、赤い靴下を履いていたら勝った。だから、次の試合も赤い靴下を履こう、というのがジンクスです。

ジンクスでは、外部の現象に気持ちの支えを求めます。だから、たまたま赤い靴下が用意できなければ、かえって気持ちを乱すことになりかねない。

一方、ルーティンは、気持ちを切り替えるきっかけを、自分の行う動作、自分の中に求める。だから、いつでもどこでも実行でき、より確実な効果が期待できるのです。

アテネ五輪で、ルーティンの重要性を痛感する場面がありました。

長期目標設定用紙

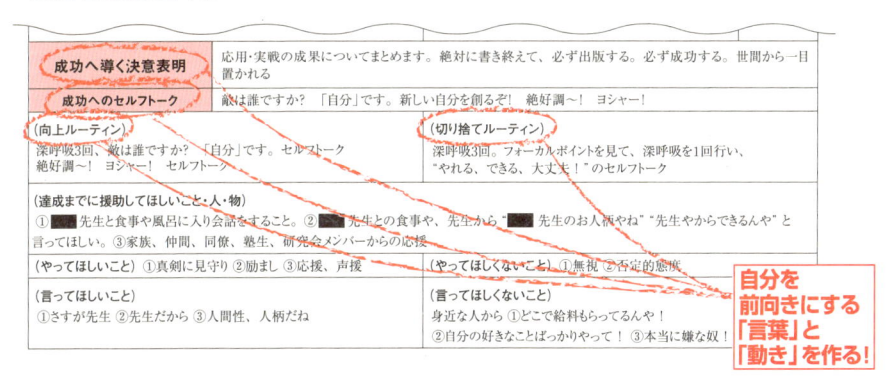

成功へ導く決意表明	応用・実戦の成果についてまとめます。絶対に書き終えて、必ず出版する。必ず成功する。世間から一目置かれる
成功へのセルフトーク	敵は誰ですか？　「自分」です。新しい自分を創るぞ！　絶好調～！　ヨシャー！
（向上ルーティン） 深呼吸3回、敵は誰ですか？　「自分」です。セルフトーク 絶好調～！　ヨシャー！　セルフトーク	**（切り捨てルーティン）** 深呼吸3回。フォーカルポイントを見て、深呼吸を1回行い、 “やれる、できる、大丈夫！”のセルフトーク
（達成までに援助してほしいこと・人・物） ①[redacted]先生と食事や風呂に入り会話をすること。②[redacted]先生との食事や、先生から“[redacted]先生のお人柄やね”“先生やからできるんや”と言ってほしい。③家族、仲間、同僚、塾生、研究会メンバーからの応援	
（やってほしいこと） ①真剣に見守り ②励まし ③応援、声援	**（やってほしくないこと）** ①無視 ②否定的態度
（言ってほしいこと） ①さすが先生 ②先生だから ③人間性、人柄だね	**（言ってほしくないこと）** 身近な人から ①どこで給料もらってるんや！ ②自分の好きなことばっかりやって！ ③本当に嫌な奴！

自分を前向きにする「言葉」と「動き」を作る！

金メダルを期待されていた、女子ソフトボールの日本チームが、味方のエラーの後、投手が崩れて3点を献上し、敗北を喫する。そんな試合が2回ありました。どちらの試合でも、味方のエラーの後、投手が顔をしかめていたのが印象に残っています。

チームの実力は高かった。それだけに、もしもエラーの後、投手の反応が違っていたら、と考えてしまうのです。例えば、あの時、投手が自分の顔を平手で打って気合を入れ、満面の笑みで「よっしゃぁ！」とチームメイトに叫んでいたら、どうだったか？

失敗した時の〝顔〟を準備する

失敗は、誰にでも必ずあります。すなわち、エラーの発生そのものは予測可能です。とすれば、エラーの後、どんな表情、態度で試合に臨むかは、準備力の問題です。

メンタルの強さは、人間の質の問題ではありません。精神面をコントロールする技術があることを知っているかどうか。そして、その技術の習得に本気で取り組むかどうか。その二つの問題に過ぎません。

メンタルの強さもまた、一つの技術なのです。

POINT

メンタルを強くする技術

1 「**決意表明**」＝目標を周囲の人々に宣言する

→ 自分を追い込む

→ 文字にして張り出すことで、
目標を立てた当初の意気込みを忘れないようにできる

Ex. カルロス・ゴーン氏の「コミットメント」

2 「**セルフトーク**」＝自分をプラス思考にし、勇気づける口グセを作る

→ 繰り返し口に出すことで、
モチベーションを継続し、弱い心を強い心に修正していける

Ex. 具志堅幸司選手の「ハルチ、ウムチ、ツヅチ」

3 「**ルーティン**」＝気持ちを高める、あるいは切り替える動作を作る

→ 仕事を始める時に、気持ちとやる気を高め、結果を出せる
あるいは、失敗の後に気持ちを切り替えられる

Ex. イチローが打席に入る時の動作

第14回

「助けてもらえる人」には理由がある

結果を出せる人は、まず間違いなくコミュニケーション能力が高い。

教育とはコミュニケーション。ビジネスも突き詰めれば、コミュニケーションです。私の23年間の指導経験から、そう断言できます。

どんな世界であれ、成功している人を観察して気付くのは、助けを必要としている時に必ず助けてもらえる、ということです。

助けてもらえる人とは、コミュニケーション能力の高い人。そこにも実は、準備力が深く関係しています。

私が、松虫中学で陸上部の顧問をしていた頃のことです。7月に全国大会出場を決めると、8月の本番に向けて数十万円の運営費が必要になります。

そんな時、私はあらかじめ、「8月には、保護者にバザーを開いてもらって50万円の援助を得る」などと決めてしまいました。そして、日々、保護者の方々と関わりを深めていく。

すると、金銭に対する不安が晴れ、自信が湧いて、心が元気になる。

そこで、気付きました。

成功する人は、こういう準備を無意識の内にしているのだ、と。

成功する人は、未来を予測し、準備します。目標を達成するため、誰に、いつ、どこで、どう助けてもらいたいのかも予測している。そして、助けてもらいたい相手と良い関係を築いている。いざという時、「お願いします」と言える環境を整え、準備している。

いつも一人であがいていては、成功はつかめません。そこから脱却するには、意識的に準備をすることです。

だから、私の指導では、目標達成に向けて他人に「やってほしいこと」など、必要と思われる援助を、長期目標設定用紙に書き出します。

目標設定用紙を書いた後、ある陸上部の男子生徒が、恐る恐る校長室に行きました。普段はまともに人としゃべれない、口下手な生徒です。

「僕は絶対、全国大会で活躍します！　だから援助をお願いします！　実は遠征費用が出せないんです……」

校長先生は、目を真っ赤にして、「よし。私に任せなさい」と答えました。

後日、その生徒が無事、全国大会出場を決めると、校長先生は約束以上の援助をしてくださった。生徒は、約束通り全国大会で大活躍しました。

〝心の栄養〟をもらいに行け！

ここで大事なのは、援助と一緒に心をもらう、ということです。

他人から援助をもらっていた生徒達は、「お世話になった方々のためにも、頑張らなあかん！」と発奮した。だから、全国大会でいつも結果を残せた。

人間が「自分のために」と思って出せる力は、あまり強くない。「あの人のために！」と思った時にこそ、ここ一番の爆発的な底力が出る。

人間は、たんぱく質やビタミンといった〝体の栄養〟だけでは、生きていけないのです。元気や、やる気という〝心の栄養〟を、誰かから供給してもらわなければ生きていけないのです。

心の栄養をもらうためには、他人の懐に飛び込まなくてはならない。

ところが、今の若者達は他人と関わるのが下手です。

「癒されたい」「分かってほしい」「居場所が欲しい」――そう彼らは、口々に訴えます。人と関わりたいのに、関わる技術を知らない。

ここ数年、「ネット心中」という現象が問題になっています。

インターネットで知り合った若者達が一緒に命を落とす……。若い男女が集まったら、本当はカラオケでも合コンでも、楽しいことをすべきです。それなのに命を落としてしまう。私は、彼らがかわいそうで仕方ありません。

人と人とが関わり、相手の心に元気を与えることを、「ストローク」と呼びます。人は本来、自分の存在を認め、評価してくれる「プラス」のストロークを求めています。しかし、あまりにもストロークに飢えると、自分を傷付けるような「マイナス」のストロークでも求め、受け入れてしまう。

若者達も、本当は関わってほしいのです。上司は、先輩は、経営者は、もっと若者に関わり、ストロークを与え続けなければなりません。

もう一つ、最近の出来事で印象に残ったのが、アテネ五輪での「浜口親子」の人気です。

父が、娘に「気合だーっ！」と叫ぶ。あの叫びは、親が子に与える無条件の愛情。非常にシンプ

長期目標設定用紙

成功へ導く決意表明	応用･実戦の成果についてまとめます。絶対に書き終えて、必ず出版する。必ず成功する。世間から一目置かれる
成功へのセルフトーク	敵は誰ですか？　「自分」です。新しい自分を創るぞ！　絶好調～！　ヨシャー！
(向上ルーティン) 深呼吸3回、敵は誰ですか？　「自分」です。セルフトーク 絶好調～！　ヨシャー！　セルフトーク	(切り捨てルーティン) 深呼吸3回。フォーカルポイントを見て、深呼吸を1回行い、“やれる、できる、大丈夫！”のセルフトーク
(達成までに援助してほしいこと･人･物) ①[redacted]先生と食事や風呂に入り会話をすること。②[redacted]先生との食事や、先生から“[redacted]先生のお人柄やね”“先生やからできるんや”と言ってほしい。③家族、仲間、同僚、塾生、研究会メンバーからの応援	
(やってほしいこと) ①真剣に見守り ②励まし ③応援、声援	(やってほしくないこと) ①無視 ②否定的態度
(言ってほしいこと) ①さすが先生 ②先生だから ③人間性、人柄だね	(言ってほしくないこと) 身近な人から ①どこで給料もらってるんや！ ②自分の好きなことばっかりやって！ ③本当に嫌な奴！

他人から助けてもらう場面を予測し、準備する

ルで、誰にでも分かる感動のストロークです。

このストロークをテレビを通じて目の当たりにすることで、日本全国の視聴者も間接的に元気がもらえた。だから、浜口京子は銅メダルに終わったのに、今も根強い人気を保っているのです。

企業教育に「関わる技術」を

ところで、今の若者が、他人と関わるのが下手なのはなぜでしょうか？

欧米に比べると、日本には元々、感情をあらわにして、他人と活発にストロークをやり取りする文化はなかったと思います。けれど、家庭の中では、親子の間にきめ細かい愛情のやり取りがあった。子供達はそこで、他人との関わり方を学んでいった。

ところが、戦後、家族関係が崩れ、学校でも教師と生徒の関わりが薄れる中で、若者達は、他人との関わり方を学ぶ場を失ってしまったようです。

私は今、より多くの企業教育に関わることで、もっと多くの若者達に、人と関わる技術と喜びを教えたいと思っています。

POINT

「助けてもらえる人」に、なるために

1 なぜ、成功者は他人に助けてもらえるのか？

成功者は、目標達成までに必要な援助を予測する

→ 援助してほしい人と積極的に関わり、準備する

→ 援助してほしい時に、助けてもらえる

→ **成功する**

2 他人に助けてもらうことの効果

①直接的な効果

Ex. 先生から、全国大会の遠征費用をいただく

②間接的な効果 ＝ 心の栄養

Ex. 先生への恩返しの気持ちが加わり、凄く頑張れる

3 「ストローク」＝ 人と人との関わり。本来、人に元気を与えるもの

プラスのストローク――褒める、認めるなど、人を肯定する関わり

Ex. 浜口親子の「京子、気合だー！」

マイナスのストローク――ひどい叱責、理不尽な暴力など、人を否定する関わり

Ex.「この、ごくつぶし！」「お前なんか、死んでしまえっ！」

ストロークに飢えている人は、マイナスのストロークでも求め、受け入れてしまう

第15回

心をつくり、やる気、元気を注ぎこむ

これまで、長期目標設定用紙によって、自ら目標を立て、自ら行動できる「自立型人間」の「心」をつくる指導法について述べてきました。その全体像をまとめます。

今、企業の人材教育は概ね「ＰＤＣＡサイクル」に従っています。すなわち、ＰＬＡＮ（プラン）、ＤＯ（ドゥ）、ＣＨＥＣＫ（チェック）、ＡＣＴＩＯＮ（アクション）の手順です。

しかし、私の枠組みは少し違って、「Ｐ＋Ｃ、ＤＳＳ」。つまり、ＰＬＡＮプラスＣＨＥＣＫ、ＤＯ、ＳＥＥ（シー）、ＳＨＡＲＥ（シェア）です。

「ＰＬＡＮ」とは目標を設定し、心を「使う」こと。心の中にある目標達成に対する思いを文字にして、外に出す。長期目標設定用紙に書き、日誌に書き、目標に一歩一歩近付く。

それと同時に「ＣＨＥＣＫ」。心を「きれいにする」。靴を揃える、挨拶、返事、清掃活動やボランティア活動で、心のすさみを除去し、「心のコップ」を上向きにする。素直、真面目、一生懸命な態度を作ってから始める。

「ＤＯ」は実践。「これをやる」と決めたことをやり切り、やらせ切る。その結果、心が

「強くなる」。

「ＳＥＥ」は、実践の考察と評価。毎晩一日を振り返り、心を「整理する」。日誌をつけ、実践できたこととできなかったことを、○と×に仕分けする。できなかったことは理由を考え、明日の新たな目標として設定する。

「ＳＨＡＲＥ」は、実践で効果が出たノウハウを仲間に伝え、広めること。個人の強み、コンピテンシーを、組織の強み、コア・コンピタンスに変える。その結果、教える側に立った人の心が「広くなる」。

心の壺を満たすために

心についてもう一つ私が大事にしているのが、「心の壺」です。

人の中には、やる気や元気がたまっている「心の壺」がある。あなたの心の壺、周囲の人達の心の壺は、今どのくらい満たされていると思いますか。

80～１００％なら問題なし。50％は要注意。同僚や友人に「最近、元気ないね」と言われます。30％未満は心の病。もはや社内の人間では対処できない。医師に頼るべきです。

では、企業の中で、社員全員がやる気、元気にあふれた状態を保つためにできることは何か。各自で行えることが五つあります。

第一に、お互いに「ストローク」を与え合うこと。ストロークとは、前回も説明した通り、人と人との関わり。これが相手の心に元気を与える。

ストロークには、褒める、励ます、認めるといった「肯定的ストローク」と、叱る、けなすといった「否定的ストローク」があり、一般的には、社員に肯定的ストロークを多く与えることが、組織の活性化につながります。

第二に、「部分否定」を心掛ける。否定的ストロークが絶対にダメ、ということはない。特に「約束を守らないあなたは認められない」といった条件付き、部分否定のストロークは、上司から部下に厳しく与えていくべきです。

ただし、無条件で人格を全否定するストロークはいけません。例えば、「遅刻がいけない」といった説明なしに、ただ「ボケ！　辞めてしまえ！」と怒鳴る。それは特に、今の若者には通用しない。本当に辞表を出してしまう。

彼らは「ボケ！」という言葉の裏側にある、「ここを直してほしい」という上司の心が読み取れず、言葉を額面通りに受け取ってしまう。自分の「心のチャンネル」を、相手の心に合わせず、言葉に合わせている。その結果、自ら進んで、自分のやる気、元気を一気に

POINT 1

心づくりの5ステップ

PLAN ＝心を「使う」　＋　**CHECK** ＝心を「きれいにする」

ex. 目標設定用紙を書く、など　　ex. 靴を揃える、掃除する、など

↓

DO ＝心を「強くする」

ex.「毎朝9時から10時に営業電話を10本」
というルーティン目標を必ずやり切る

↓

SEE ＝心を「整理する」

ex. 日誌をつけ、一日の実践を○と×で仕分けする

↓

SHARE ＝心を「広くする」

ex. 実践から導いたノウハウを、仲間に教える

失わせてしまっている。

　部下の心の壺を満たすには、上司の叱り方が大事です。「遅刻がいけない」といった叱る理由をはっきりさせて、部分否定で叱ることです。

　と同時に、上司が部下に、叱られ方、心のチャンネルの合わせ方を教えること。部下は「自分のどこが否定されているか」をしっかり理解した上で、きつく叱られる。それができれば、やる気や元気を失うことはありません。

　三番目は「センタリング」。やる気、元気にあふれた個人、

集団に関わることで、自分自身を高めること。前向きな人と関われば、自分も元気になる。愚痴ばかり言う、被害者意識の強い人とは付き合わないことです。

四番目は「自己認識」。人間は、「自分って、こんな人間なんだ」と分かった時、元気が出るものです。例えば、昔の日記を読み返し、「俺は昔、こんなに頑張っていたのか」と思うと、元気になる。その意味で、日記でも日誌でも、長期目標設定用紙でも、「自分」を文字に残すことは有益です。

五番目は、「原体験」。幼少の頃に夢中になったことの中で、今でも、自分に元気を蘇らせてくれる活動を探し出し、追体験する。例えば、海辺で育った人には、大人になっても海で泳ぐと元気になる、という人が多い。

心の壺を満たす方法の一つひとつは、日常生活の中に隠れています。毎朝の挨拶も、上司が部下に「あいつに元気を一本、ストローク一本、入れたるで！」と思って投げ掛ければ、本当に部下のやる気、元気は高まります。

日々の仕事、生活の中で、自分と仲間の心の壺の中にある、やる気や元気が失われぬよう、高まるよう意識して、目の前の課題に挑む。それで、成功の可能性はぐっと高まります。

やる気を高めるのも、やはり〝気付き〟と、小さなことの積み重ねなのです。

POINT 2

心の壺を満たす5つの方法

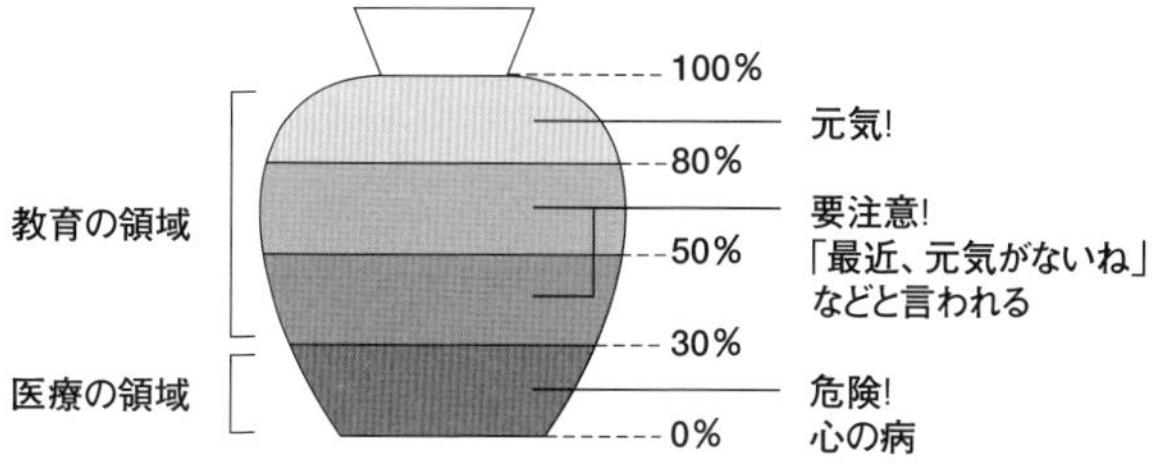

元気を満たす方法

①「ストローク」を与える、もらう
　＝人と関わり、“心の栄養”を与えたり、もらう

②「部分否定」を心掛ける
　＝指導する側は、「何が悪い」と言いたいのか、
　　条件を明確に示して叱る
　　指導を受ける側は、「何が悪い」と言われている
　　のか、条件を明確に理解して叱られる

③「センタリング」を心掛ける
　＝前向きな主体者意識の強い人と関わる
　　後ろ向きな被害者意識の強い人とは関わらない

④「自己認識」する
　＝自分の“思い”を文字に書いて外に出して読み、
　　自分を知る

⑤「原体験」を追体験する
　＝幼少の頃に体験した活動で、ストレスを解消して
　　くれる活動を意識して行う

③ コミュニケーションが悪い	③ 異業種交流会に出る
健康　① 体力ダウン ② 眠れない ③ 疲労が残る	健康　① 週1回ジムに行く ② 早起きして1駅歩く
生活　① 完全に休む日がない ② 残業が多い ③ 家族と話す時間が少ない	生活　① 仕事の優先順位をつける ② ムダを省き、改善する。
その他　① 友だちと会う時間がない	その他　① メールで連絡する ② 同窓会に出る

【ルーティーン目標】毎日継続して繰り返してやる行動	重要順	【期日目標】いつまでにやると決めてやる行動	期日
(1) 私は、1日3回、セルフトークを行なう		(1) 部内ミーティングで自分の目標を発表	11/17日迄
(2) 私は、毎日、実績UPする方法を考え、ノートに書く		(2) 家族に目標を話し、チェックしてもらう	11/12日迄
(3) 私は、毎晩、明日やることを決めてから寝る。		(3) 自分の強み、弱みを分析	11/25日迄
(4) 私は、毎日、実績をチェックする		(4) A社用プレゼン資料を用意	12/10日迄
(5) 私は、毎日、業務の改善点を見つけノートに書く		(5) プレゼン練習を4〜5回する	12/15日迄
(6) 私は、毎日、解決策ができているかチェックする		(6) 経過目標①をクリアしている	12/25日迄
(7) 私は、毎日、最高目標を達成した自分をイメージする		(7) スキルアップのための本を5冊読む	1/5日迄
(8) 私は、毎日、家族、友人、会社のメンバーに笑顔で挨拶する		(8) 異業種交流会で会った人5人以上にコンタクトする	1/20日迄
(9) 私は、毎日、この用紙を読み返す		(9) 経過目標②をクリアしている	1/31日迄
(10) 私は、毎日、優先順位を決めて仕事に取りかかる。		(10) 来期の目標と行動プランを立てている	2/28日迄

目標達成への決意表明	必ず達成！ 絶対達成！ 最後の最後まで諦めない!!
目標達成セルフトーク	思いはかなう！ 自分に勝つゾ！ 待っているのは成功だ!!!!

NEVER NEVER NEVER NEVER NEVER NEVER GIVE UP !

成功と解決策の項目合計数40コを目標に書き出しを行って下さい！ 111コ

更に「気付き」力がUPし、成功しやすくなります。がんばって下さい！

・ルーティン、期日目標共によく設定できています。

Very Good!

1ストロークです！

期日目標も発生時点順に並べて下さい。スモールステップのイメージがより明確になり、解決策になります。

成功が目標するのです。

メンタルテクニックパーフェクトです

素晴らしいよくできています。元気が湧いてきますね。

・目標設定の技術をよくマスターされています。項目数を更に増やし、精度を高めて下さい。必ず成功します。がんばって下さい！

リーチング® 目標設定用紙（主体変容書込み用紙）　初級コース

氏名		記入日（やると決めた日）	2004年11月10日
目標達成期日	2005年3月31日		

目標達成のための奉仕活動	（家庭）私は、毎日 夕食後に皿洗いをする	（会社）私は、毎日 部内全員の机を拭く

実行の時間を具体的に決めてから始めて下さい。更に心がキレイになり強くなります。

達成目標

1 最高の目標	売上目標120％、達成!!!!!!
2 中間の目標	売上目標100％、達成!!!!!!
3 絶対できる目標	対前年比105％達成
今回の目標	売上目標108％、利益目標100％達成！

4つの目標、すべてが客観的に、だれにでもわかるように記入して下さい。

・今回の目標が御自身のどこの中でどの位置にあるかが

経過目標

① 12月25日	② 1月31日	③ 2月28日
目標数字まで85％	目標数字まで90％	目標数字まで95％

達成時の人間像

鮮明に ① 信頼されるリーダー ② 企画力のある ③ 自信に溢れる ④ エネルギッシュ ⑤ 部下に目標にされる

目標より得られる利益

物心両面 ① 収入アップ ② 家族で海外旅行 ③ 営業・提案力アップ ④ 自信がつく ⑤

後1つ完答させて下さい。

「成功の分析（番号を振って記入）」	「失敗の分析（番号を振って記入）」
メンタル ① 気力がある ② 堂々としている ③ 好奇心がある	メンタル ① やる気ダウン ② 不安が大きい ③ 集中力低下
スキル ① メンバーとの風通しがよい ② 提案力が高い	スキル ① メンバーとの意志疎通が図れない ② 提案に迫力がない ③ 人を動かせない
健康 ① 6時間以上の睡眠 ② 規則正しい食事 ③ 早起き ④ たくさん歩く	健康 ① 寝不足 ② 片寄った食事 ③ 寝起きが悪い ④ タバコを吸いすぎ ⑤ タクシーに乗りすぎる
生活 ① 妻と仲が良い ② 家族と過ごす時間が楽しい	生活 ① 妻と話すのが面倒 ② 身の回りが片づかない
その他 ① 仕事と遊びのメリハリがある	その他 ① 家に仕事をもち込む ② 休日にゆっくり休めない

◆自己分析よく考えて記入されています。Very Good！

12コ

人間像と利益の2項目で御自身のイメージがUPし、モティベーションが継続します。成功に接近できるものです。がんばって下さい！

予想される問題点	解決策

3 これからの人財教育の方向性

■ 生きる力を備えた自立型人間

生きる力とは

(1) 夢を描き、目標に変えて、達成のための方法を考え、達成しきる力

(2) 心のコップ(生き方態度)がいつも上を向いている

(3)「心・技・体・生活」のバランス。健康と安全の獲得と向上

4 自立型人間育成指導の三大原則

①心のコップを上に向ける態度教育

②意味付け教育と価値観の向上

③専門教育(スキル、ノウハウ、マニュアル指導)

5 実践の流れ(静の仕込みから動の実践指導)

①シナリオ作り(ABC型の判別とリーダーの発掘)

②人を見る

③イメージ

④比較と観察

⑤意味付け(ブロークン・ウィンドウ理論)

⑥目標設定(コミット)

⑦指導者の率先垂範、主体変容、ハンズ・ON・指導(ムードとオーラ作り)

⑧賞賛(成功モデル作り)

⑨発信力による価値観教育(書いて出す、話す、文化作り)

DVD視聴資料

＊DVDに収録されているセミナーで、受講者に配布された資料を基に編集しました。視聴の際の参考資料として、ご利用ください。

「企業塾」

自立型人間育成指導のカン・コツ・ツボ

1 プロフィール

①20年間、大阪市内の公立中学校に勤務
（生徒指導主事、保健体育科教諭、陸上競技部監督）
②天理大学において未来の先生作り（教職指導）
③教師の再教育（教師塾）
④教師の確保（教師養成塾）
⑤企業の人財教育支援（社会人教育支援）
⑥教育支援活動（学校指導）（講演会による啓発活動）
⑦メンタルトレーニング指導（スポーツ選手の心の教育）（社会人の心の教育）

2 研修の目的

①これからの未来を切り開くリーダー、「自立型人間」の育成原則を学ぶ
②人との「関わり力向上技術」を習得する
③夢を現実にする「目標設定の技術」を習得する

8 現代人の心を知るためのキーワード

①まじめの崩壊
②未学習
③分かってほしい
④癒されたい
⑤居場所が欲しい
⑥充実感・満足感・達成感が欲しい
⑦生き方モデルが欲しい
⑧自己完結
⑨アンビバレンツ

9 やる気作り

①外発的動機付け（賞、罰、恐怖）－副作用あり
②内発的動機付け（有能感、統制感、受容感）（心に発する動機付け）－副作用なし

10 プレゼンテーションの技術

①「静の指導」から「動の指導」
②ライト→リード→スピーク
③7秒～10秒のプレゼンを多く
④フィードバックはソフトラブとハードラブ
⑤感情を表情に乗せる。「幸せ感」効果。セルフマッサージ

11 指導信条

①仕事と思うな、人生と思え
②受身は極悪
③敵は誰ですか、私です
④一寸先は、、、、（　　）
⑤（　　）イズ、マネー
⑥思いはかなう

DVD視聴資料

＊DVDに収録されているセミナーで、受講者に配布された資料を基に編集しました。視聴の際の参考資料として、ご利用ください。

6 心作り指導

①心を使う（目標設定、イメージ原則）

■長期目標設定用紙、日々の日誌指導

②心をきれいにする（清掃、奉仕、エコ活動）

■靴、椅子、カバン、はい、あいさつ、目と姿勢

③心を強くする（今できることの継続、確認による特例禁止）

■日誌指導、お手伝い継続

④心を整理する（過去の失敗の切り捨て、準備による未来の不安解消）

■自己分析、日誌指導

⑤心を広くする（自利即利他の原則、感謝の心育成、心を集める）

■他者への教育、長所発揮

7 危機管理の法則

①BW理論

（ハインリッヒの法則、273個の小さなミスが重大事故を生む、心のすさみ除去）

②おかず理論（優先順位と長所発揮）

③くじ引き理論（確認とストローク）

④輪投げ理論（思いが先、行動は後）

DVDビデオ注意事項

●DVDビデオ対応プレーヤーで再生してください。DVDドライブ付きパソコンやゲーム機などの一部の機械では再生できない場合があります。

●各種機能についての操作方法はお手持ちのプレーヤーの取扱説明書をお読みください。

●このタイトルは、4：3画面サイズで収録されています。

●このDVDディスクは家庭での鑑賞にのみご使用ください。このディスクに収録されているものの一部でも無断で複製（異なるテレビジョン方式などを含む）、改変、転売、転貸、上映、放送（有線、無線問わず）することは厳に禁止されており、違反した場合、民事上の制裁、及び刑事罰の対象となることがあります。

取り扱い上の注意

●DVDディスクは両面とも、指紋、汚れ、傷などをつけないように取り扱ってください。また、ディスクに対して大きな負荷がかかると微小な反りが生じることがあり、そのため、データの読み取りに支障をきたす場合がありますのでご注意ください。

●ディスクが汚れたときは、メガネ拭きのような柔らかい布を軽く水で湿らせ、内側から外側に向かって放射状に軽くふき取ってください。レコード用クリーナーや溶剤などは使用しないでください。

●ディスクは両面とも、鉛筆、ボールペン、油性ペンなどで文字や絵を書いたり、シールなどを貼付したりしないでください。ひび割れや変形を起こしていたり、接着剤等で補修されたディスクは危険ですから絶対に使用しないでください。また、静電気防止スプレー等の使用は、ひび割れの原因となることがあります。

保管上の注意

●使用後は、DVDディスクを必ずプレーヤーから取り出し、DVD専用ケースに入れて保管してください。直射日光の当たる場所や自動車の中など、高温・多湿な場所での保管は避けてください。

視聴の際の注意

●明るい部屋で、なるべくテレビ画面から離れてご覧ください。長時間続けての視聴は避け、適度に休憩を取ってご鑑賞ください。

カリスマ体育教師
原田隆史の特別講義
夢を絶対に実現させる方法！

2005年9月12日　第1版第1刷発行
2007年2月23日　第1版第7刷発行

著者　原田隆史
発行者　樋口一郎
発行所　日経BP社
発売　日経BP出版センター
〒108-8646　東京都港区白金1-17-3
電話：03-6811-8200

印刷・製本　凸版印刷株式会社

ISBN978-4-8222-1027-4